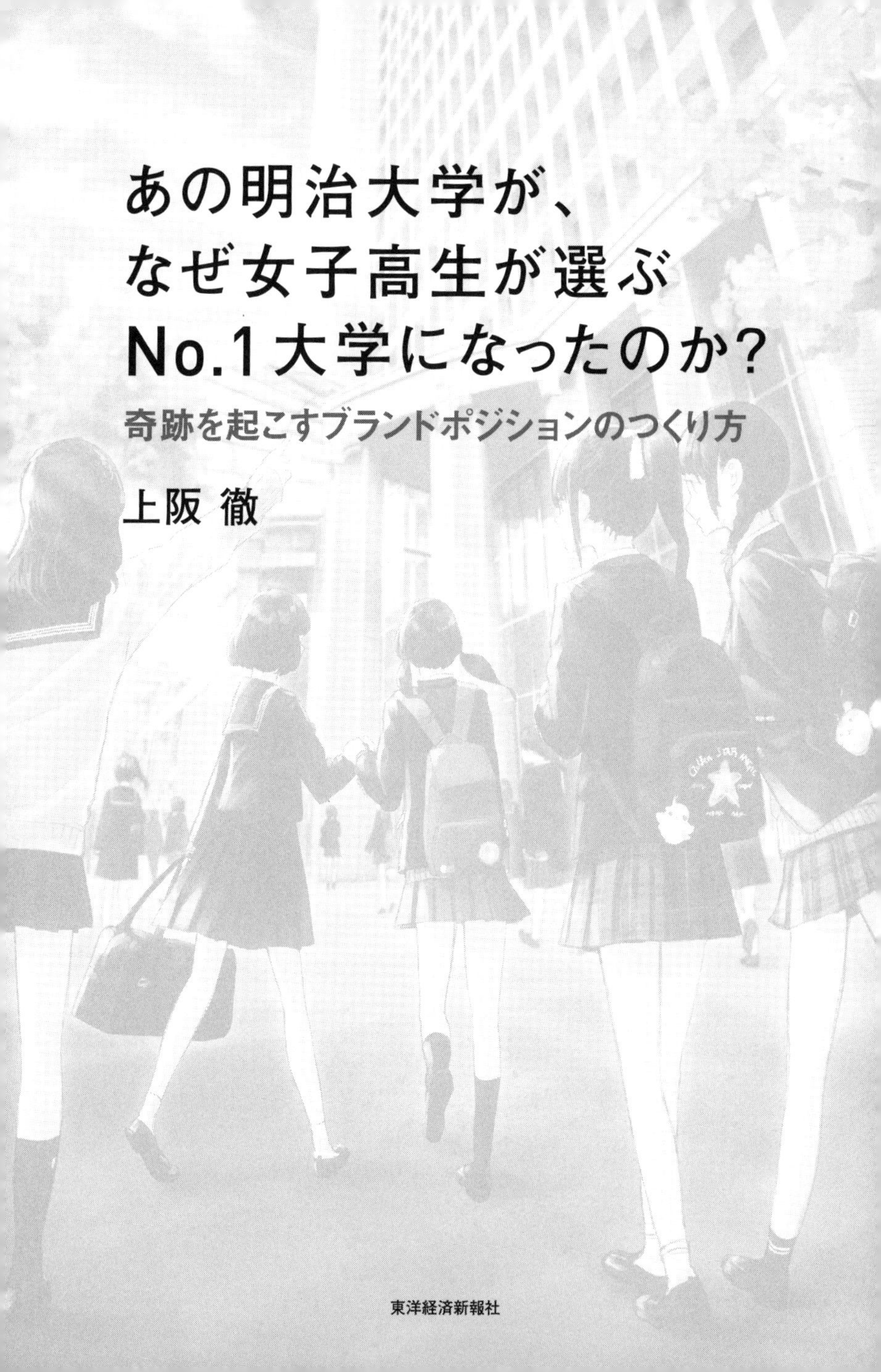

あの明治大学が、なぜ女子高生が選ぶNo.1大学になったのか？

奇跡を起こすブランドポジションのつくり方

上阪 徹

東洋経済新報社

はじめに

「明治大学って、いま女子に人気があるんだよ」

最初に私にそんな話をしてくれたのは、妻だったと記憶している。もうずいぶん前のことだ。子どものいる母親たちの情報感度は驚くほど高い。〝ママ友〟の間では、あっという間に情報共有がなされていたのだろう。

しかし、1966年生まれ、バブル期に大学時代を過ごし、卒業して20年をとうに過ぎ、しかも大学事情にはまったくうとい普通のオジサンの私には、この話はまったくもってピンと来なかった。

「明治って、あの明治？　あのバンカラの？　嘘だろ？」

私の出身校が、スポーツで明治といつも激突していた学校だったこともあって、明治といえば、男臭いイメージしかなかった。学生時代に訪れたことがあったが、薄暗いキャンパスには学生運動の立て看が（我が母校以上に）あふれ、古い伝統的な大学の印象が強かった。

ということで、妻の話はまったく意に介していなかったのだが、驚きのニュースが入ってきたのは２０１０年のことだ。それまで12年連続で大学受験の志願者数ナンバーワンを誇っていた早稲田大学を、明治大学が追い抜いたのである。これは、多くのメディアが次々と取り上げる騒然の事態になった。明治が受験人気で早稲田を抜いたのだ。

ただ、ここまで来ても、まだ私はピンと来ていなかった。ちょうど30代前半に御茶ノ水に本社のある金融機関の仕事をお手伝いしていたこともあって、明治大学が大学としては当時、画期的ともいえた高層ビル「リバティタワー」を建てたことは知っていた。

「タワーを建てて、キャンパスがきれいになったからだろう」

このくらいにしか思っていなかったのである。

もしかすると、同じような印象を持っている人は、いまも少なくないのではないかと思う。リバティタワーを建てたから、明治大学は変わった、人気が出た、志願者数が増えた、というイメージだ。しかし、それはまったく違っていたのである。

明治大学は、ただキャンパスが変わっただけではまったくなかった。実はブランドイメージが激変していたのだ。本書の制作にあたって、キャンパス内で何人もの学生にインタビューさせてもらう機会を得たが、いまの現役学生が持っている明治大学のイメージは、私の持っていたバンカライメージとは完全に一変していた。

「明るい」
「おしゃれ」
「親しみが持てる」

実際、高校生が選ぶ「おしゃれな大学」ランキングで、明治大学はベスト5に入っていたりするのである。なんとフェリス女学院や白百合女子よりも、おしゃれランクが上なのだ。

そして、大学受験の志願者数が増えていただけではなかった。大学の人気そのものが急上昇していたのである。２０１６年の調査では「高校生が行きたい大学」のナンバーワンは、明治大学だったのである。しかも、８年連続で1位なのだ。

文系、理系ともに「志願したい大学」1位。男子も1位、女子は惜しくも僅差でトップを早稲田大学に譲ってしまったが、前年も前々年も「女子高生が最も行きたい大学」になっていたのである。

現役の学生からすれば、「このオジサンは、いったい何を言ってるんだろう。明治が女子に人気があるなんて当たり前だろ」ということになるのかもしれないが、30年近く前に大学時代を過ごした私からすれば、明治大学が「女子高生が最も行きたい大学」になるなんて、本当に驚愕の事態なのである。

しかし、明治大学は本当に変わっていた。キャンパスは、華やかな女性たちであふれていた。オープンキャンパスには、女子高生たちが続々と押し寄せていた。

あのバンカラ大学に、いったい何が起こったのか。それを取材によってあぶり出してほしい……。

さまざまな企業について、いろいろな角度から取材をして一冊の本にまとめる仕事をたくさんしていた私に、そんな依頼がやってきて、生まれたのが本書である。

端的にいえば、明治大学がこれほどまでに人気を博しているのは、ブランドイメージを大きく変えたからだ。結果として、かつては考えられないような支持を得ている。

ただ、それは、きれいなビルを建てただけでは、なしえなかった。

今回、取材を通じて、そのことが改めてよくわかった。明治大学は、思い切った変革や新しい取り組みを次々に推進していったのだ。

バブル崩壊以降、日本企業は荒波に揉まれ続けてきた。その大きなテーマは、変革だった。ところが、いまなお変われていない会社は多い。伝統的な企業ほど、その傾向は強い。

しかし、創立１３６年の伝統的な組織、しかも大学という保守的な〝事業〟を営む組織が、なぜこれほどまでに変革できたのか。

それは、変わらなければならないのに、変わることができない、あるいは変わるスピードが速まらない組織に、大きな示唆を与えてくれると思う。大きくそのイメージを変えることに成功した明治大学に、学ぶことがたくさんあると思うのだ。

明治大学にいったい何が起きたのか。ひもといていく。

もくじ

はじめに――003

第1章

女子だけではない。男子学生もモデル顔負け！

明大男子は、おしゃれでモテる!?――016
7日間で6万人が訪れたオープンキャンパス――020
女子高生が最も行きたい大学が、明治大学!?――023
MARCHではなく、ARCHになる?――028
伝統を維持しつつ、「おしゃれな」大学へ――033
志願者も入学者も、女子が増えている――037

第2章

キャンパスから門も壁も取り払え！

日本初の大学高層ビルは、いかにして実現したか――042
街そのものがキャンパスである――046
後に有名になった俳優や女優が入学してきた――050
本当の変革はリバティタワーの後に始まった――052

第3章

大きな挑戦は上からの指示では果たせない

もっと地方の学生に来てほしい――058
現場の熱意が創った女子比率約47％の新学部――063

マンガやアニメは立派な研究対象である——067
日本で唯一の数学の学部に学生は来るのか？——071
見学者も続々。ガラス張りのキャンパス——074
１人あたり最大３００万円の留学助成金——079
アメリカのディズニー・ワールドに留学!?——082
ディズニー留学で彼女が学んだこと——086
１０００人規模の給費奨学金——090
新入生を「ぼっち」にさせない取り組み——093
１日５０００人の学生が集まる図書館——097
いまの大学図書館はこんなにすごいのか！——101
事実を伝えることで、新しい刺激が生まれる——107

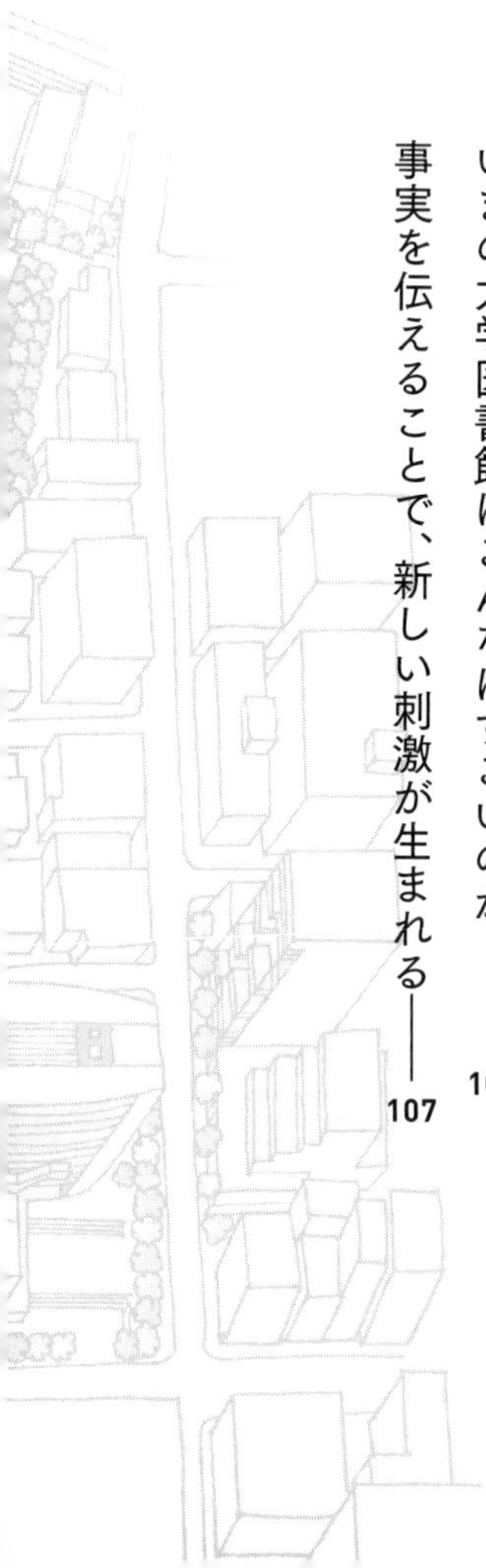

第4章

一流であると思ったとき、そこで進歩は止まる

大胆な変革を可能にしたガバナンス体制——114
やっぱり、オープンマインドは大事——117
大学創立の原点がケンカだった——121
女子教育のフロンティア——125
明治大学に集まるのは、どういう女性なのか?——129
結局、どれもブームは長続きしない——133
教員の約7割が、他大学の出身者——138
卒業のとき、この大学でよかったと思える。それが一番——142
【覆面学生座談会】
現役明大生に、あれこれ聞いてみた!——146

第5章

学生も親も〝出口〟を見ている！

就職ガイダンスの出席率は、なんと90％超――152
100を超える就職支援行事は、職員の手づくり――156
ピーク時は2時間待ちのキャリアカウンセリング――160
インターンシップだけでは、次につながらない――167
他大学も思わず真似してしまった就活手帳――173
なぜ「就職の明治」と呼ばれているのか？――177
内定を得た4年生は、いかに支援を使ったか――182

第6章

偏差値ではかれないポジションを狙え！

伝える広報から、伝わる広報、共感される広報へ——190
ブランドイメージはつくり変えることができる——194
広報のメインターゲットは、女子高生——198
出稿媒体ごとにテーマを変えろ！——203
「めいじろう」、ゆるキャラグランプリに出場——208
大学はまだまだ変えられる——212

第7章

リーダーは少々、型破りなほうがいい

いまも語り草になっている、理事長との大激論——218

連続1位でなければ、ブランドにならない——221
なぜ北京大学は、明治大学と連携したのか？——225
「これからも、難民教育をやりますよ」——231
1カ月間、1日中、英語漬けの研修センター計画——234
改革を拒んで、将来困るのは若者たち——236
地方の学生を東京に来させないのは、おかしい——239
大学は、キャンプ（野営地）に過ぎない——244
考えていれば実現する、絶対に——247
おわりに——252

BRAND
POSITION

第1章

女子だけではない。
男子学生も
モデル顔負け！

明大男子は、おしゃれでモテる⁉

京王線で新宿駅から特急に乗って5分。「明大前」駅には、明治大学の和泉キャンパスがある。法、商、政治経済、文、経営、情報コミュニケーションという文系学部の1年生、2年生と一部の大学院生の約1万人が学ぶ。

エントランスを入ると右手に図書館、正面と左手に校舎があるが、左手にあるのは、まだ新しいガラス張りの建物だ。

建物にぐるりと取り囲まれた手前には、広々とした空間があったのだが、ちょうど講義が終わり、休み時間に入ったこともあって、建物から続々と学生が外に出てきて、あっという間に人で一杯になってしまった。

大学って、こんなにたくさん学生がいたかなぁ、などと、大学にほとんど行かなかった不謹慎な学生時代を私など思い出してしまったのだが、いまの学生はとてもマジメだという。きちんと授業に出てくるのだ。

ただ、私と同年代の人間がここを訪れたら、きっとこんなふうに感じたに違いない。

「ここが本当に明治大学なのか？」

何より、女性がとても多い。しかも、華やかなファッションに身を包んでいるのである。昔の明治大学とはずいぶん違う。新入生の女子学生に話を聞くと、こんなことを語っていた。

「入学してびっくりしたのは、みんな本当におしゃれだということでした。ちゃんとしていないと浮いちゃうので、毎日、大変なんです（笑）」

だが、私が驚いたのは、それだけではなかった。女子学生だけではなく、男子学生も、なんとも垢抜けていたのだ。清潔感があり、ファッショナブルないでたちの、こざっぱりとした学生が多い。

実際、若者に人気のファッション誌『FINEBOYS』の読者モデルにも、明治大学の男子学生はたくさんいるという。明治大学の男子学生は、かなりイケているのだ。これも先の女子学生が語っていた。

「明大男子は、みんなおしゃれだし、モテるって聞きます」

私の学生時代、首都圏の大学は大きくブランドイメージが二分されていた。早稲田や法政、中央などの男臭い大学。一方で、青山学院や立教、上智などの女子学生も多くて明るくて華やかな大学。ちょっと後者に寄りながらもほぼ中間に位置していたのが慶應義塾。そんなイメージである。

明治は当時、完全に前者に位置していたし、みんながそう思っていた。ところが、いまや違うのである。女子学生はさらりとこう言っていた。

「青山学院や立教に近いですね。でも、入学してみたら、みんなとてもマジメだな、というイメージを持ちましたけど」

同じく新入生の男子学生も語る。

「すごい髪の色の学生とかもいますが、実際にはちゃんと授業に出てきていたりする。チャラそうなイメージがあるけど、そんなことはないよ、と後輩には教えてあげたいですね」

チャラそうなイメージ？　明治が？　話を聞きながら、これほどまでにブランドイメージは変わったのか、と驚きを禁じ得なかった。

実際、こんな証言も聞いた。副学長（広報担当）で情報コミュニケーション学部の牛尾奈緒美教授だ。

「卒業式になると、モデルみたいな女の子がたくさんいますよ。これには私も、明治はここまで変わったのか、とびっくりします」

ちなみに牛尾教授、慶應義塾の出身である。

御茶ノ水の駿河台キャンパスにも足を延ばしてみた。1998年にできた地上23階・地下3階の高層ビル「リバティタワー」は知られた存在だが、明治大学ではその後もキャンパスの整備を続けてきた。2004年には「アカデミーコモン」、2013年には「グローバルフロント」も完成した。

昔の学生運動の立て看が乱立して、うっそうとした森のようだった古いキャンパスの面影はもはやまったくない。近代的で「都市型キャンパス」と呼ぶにふさわしい空間がつくり出されている。周辺を行き交う学生たちは、こちらもスタイリッシュだ。

毎年8月に行われているオープンキャンパスは、中野キャンパス、生田キャンパス、そしてこの駿河台キャンパスで行われるが、大変な人気だ。経営企画部広報課長の丸山郁太郎氏はこう語る。

「たくさんお見えになり過ぎてしまって、2015年の駿河台では入場制限をしなければなりませんでした。安全上の配慮からです。そこで、2016年からは、事前参加登録を行うことにしました」

事前参加登録の数は、なんと1万8000人にのぼったそうである。

7日間で6万人が訪れたオープンキャンパス

2017年8月4日に駿河台キャンパスで開催されたオープンキャンパスを見学させてもらう機会を得た。2日からの3日間の開催で、初日は1万1787人、2日目は1万2450人、最終日は午前中だけで約8000人が訪れていた。

JR御茶ノ水駅からは、高校生とおぼしき若者たちが続々とやって来る。たしかに女子が多い。半分を超えるのではないか、という印象だ。しかも、地味な印象の女子たちではない。スタイリッシュな今風の洋服に身を包んだ子も多い。

お母さんと一緒に来ている女子高生も多かった。中にはお父さんの姿も。駅から続く人の流れは続々と、オープンキャンパスの受付がある「アカデミーコモン」に吸い込まれていく。

入り口では大学ガイドや入試データブックが配布され、たくさんの資料を入れられるよう不織布のオリジナルトートバックが一緒に配られていた。同じ階には、個別相談コーナーもあり、各学部2名ずつの教員、さらには現役学生たちがブースをつくっている。

興味深かったのは、揃いのTシャツに身を包んだオープンキャンパスの運営スタッフが、ずいぶん若かったこと。しかも、本当にたくさんいるのだ。まさか教員が、と思って聞いてみたら、実は現役学生だった。大学直轄の学生団体「学生プロジェクト」がオープンキャンパスの運営に深くかかわっているのだという。その数、100人以上。

あちこちにスタッフがいるのだが、これがまた、華やかな雰囲気のイケメン&美女が多いのである。オープンキャンパスにやって来た高校生にとっては、相当な好印象に映るだろう。しかも、みんなそれぞれの仕事の役割分担をしっかりあてがわれているのか、きりりとした表情で、キビキビと動いている。

当日、配布されたオープンキャンパスの詳細を記したパンフレットは、A4判三つ折りのシンプルなものだったが、裏面は「合格祈願」と書かれた絵馬のイラストがどーんと。そして周囲は広く白いスペースが取られていた。

なんだろうこれは、とよくよく見ると左上の隅に、こんなフレーズが。

「明大生に応援メッセージを書いてもらおう！」

なるほど、これをきっかけに大学生に声をかけることができるわけだ。うまいと思った。実際、学生スタッフたちに多くの高校生たちがこのパンフレットを差し出し、合格祈願のメッセージを書いてもらったり、いろんな話をしてもらっていた。

オープンキャンパスでは、もちろん大学ガイダンス、入試ガイダンス、学部別ガイダンス、模擬授業など〝堅い〟カリキュラムもしっかりあって、どの教室も高校生たちでパンパンになり、中には立ち見も出ていたほどだったが、こうした当たり前の取り組みだけでなく、〝柔らかく〟楽しめる、こうしたユニークな企画がたくさんあった。これもまた、いまの〝明治らしさ〟なのかもしれない。

やはり学生プロジェクトの学生たちが主催する「キャンパス見学ツアー」は、定員20名で5分置きに出発する仕組みになっていたが、午前中ですでに2時間待ちの大人気に。コースには、触れると合格できる〝伝説〟があるという某所の銅像も組み込まれていたり。ガイドはすべて、現役学生。それぞれが思い思いの解説をスケッチブックにしたため、高校生たちはそれを見ながら楽しそうに耳を傾けていた。

リバティタワー1階で行われていた「現役明大生による本音トークライブ」も、入り口前での学生たちの積極的な呼び込みもあってか、大盛況。立ち見も出るほどだった。

この日は最終的に1万6101人が訪れたという。ほかのキャンパスを加えると、計7日間で6万人の高校生や保護者たちを迎えることになった。

女子高生が最も行きたい大学が、明治大学!?

明治大学の人気の躍進が、いちやく注目を浴びたのは、２０１０年、大学受験の志願者数が早稲田大学を抜いたというニュースだった。学部数も多く、〝記念受験〟も多いと言われる早稲田。１９９０年代は、マンモス校である日本大学と志願者数1位を争っていたが、12年間は不動の1位を誇っていたのだ。

90年代から２０００年代にかけて5位前後にいた明治は、２００７年に早稲田に次ぐ2位につけると、わずか3年で一気に抜き去ってしまった。それから4年間、近畿大学に抜かれるまで1位を続けた。

しかし、1位も当然だったのかもしれない。もとより明治大学の人気はこの間にどんどん高まっていたのだ。

リクルートマーケティングパートナーズが調査し、発表した２０１６年7月時点での「高校生が志願したい大学」ランキングでは、関東エリアにおいて、明治大学はなんと8年連続で1位を獲得している。

高校生が志願したい大学（関東エリア）

順位	2014年		2015年		2016年	
	男子	女子	男子	女子	男子	女子
1	**明治**	**明治**	**明治**	**明治**	**明治**	早稲田
2	早稲田	早稲田	早稲田	青山学院	早稲田	**明治**
3	日本	立教	日本	立教	日本	青山学院
4	青山学院、法政	青山学院	青山学院	早稲田	青山学院	立教
5		上智	法政	上智	法政	法政
6	慶應義塾	慶應義塾	中央	法政	中央	慶應義塾
7	中央	日本	慶應義塾	慶應義塾	慶應義塾	日本
8	立教	法政	立教	日本	東京理科	東洋
9	東京理科	東洋	東京理科	東洋	千葉	上智
10	東洋	千葉	東洋	明治学院	東洋、立教	中央

（出所） リクルートマーケティングパートナーズ「進学ブランド力調査」。

　総合で１位。文系、理系ともに１位。男子で１位。２０１６年こそ女子で２位となったが、２０１４年、２０１５年ともに女子も１位だった。女子高生が最も行きたい大学が、明治大学だったのだ。

　８年前といえば、ちょうど２００９年。志願者数で早稲田を抜く前年だ。明治大学の人気の高まりが、そのまま志願者数に結びついていったということなのだろう。ちなみにこの年、女子の人気１位は立教大学だった。理系は東京理科大だったが、明治大学がランキングを上げていく。

　明治は高校生から、圧倒的な人気を誇っているのだ。

高校生が「おしゃれ」と思う大学

順位	関東エリア	東海エリア	関西エリア
1	青山学院	青山学院	慶應義塾
2	慶應義塾	慶應義塾	青山学院
3	上智	上智	同志社
4	立教	**明治**	立命館
5	**明治**、早稲田	椙山女学園	関西学院
6		早稲田	神戸
7	フェリス女学院	愛知淑徳、神戸	近畿
8	白百合女子		早稲田
9	東京女子	お茶の水女子	甲南
10	お茶の水女子	同志社	同志社女子

（出所） リクルートマーケティングパートナーズ「進学ブランド力調査」。

そしてここで何より注目したいのは、２０１６年のイメージ項目ランキングである。

さまざまな項目の中で、青山学院、慶應、上智、立教に次いで「おしゃれな」大学の５位に位置しているのが、明治大学なのである。しかも、東海エリアでも「おしゃれな」大学で４位に入っている。

先の女子学生のイメージが、そのままデータに表れているといえる。もはや明治は、昔の明治とまったく違うのだ。「おしゃれな」大学になっているのである。

ブランドイメージが「おしゃれな」大学になる一方で、進路先としての評価も高まっている。週刊誌『サンデー毎日』にも掲載された興味深いデータがある。

２０１７年度、高校別合格者数ランキング比較で各大学トップ50高校が掲出されている東京大学を基準としたとき、どの大学を併願校に選んでいるかを調べてみると、錚々《そうそう》たる進学校が居並ぶ中、もちろん彼らは東大を受験する一方で私立大学も併願している。

延べ53校の合格者のうち、32校が慶應を、31校が早稲田を重複合格しているが、次にランクされる14校で上智と並んでいるのが、明治大学なのだ。明治はいまや、東大の併願校にもなっている、ということだ。

同じデータを慶應を基準として見てみると、延べ51校の合格者のうち、早稲田の合格校が43校、東大が32校、上智が29校、明治が26校重複している。これまた上智とほぼ並んでいるのである。

教育支援部入学センター事務長の河野理氏は言う。

「私立大学では、早稲田と慶應で1つのグループができています。次は、明治と上智で次のグループができている、という認識ができると考えています。受験生はいま、そういう選択をしているということです」

しかも注目したいのは、ずっと昔からそうだったわけではない、ということである。

河合塾のデータで、２００５年度と２０１５年度、明治と立教の文学部を併願したとき、どんな結果が出ていたか、明らかになっている。河野氏は言う。

「２００５年度では、明治と立教、両方受かっていた学生が１３６人いました。このうち、どちらかの大学に進んだのが58人。明治を選んだのは12人で、立教を選んだのが46人だったんです」

立教に大きく水をあけられていたのだ。ところが２０１５年度、状況は変わる。

「両方合格３５０人のうち、どちらかの大学に進んだのは１０２人。ここで、明治を選んだのは62人。立教を選んだのは40人だったんです」

両方の大学に合格し、どちらの大学を選ぶか、というとき、明治と立教で逆転現象が起きたのだ。それがこの10年の間に起きたのである。

実際、新入生に取材をしたとき、法学部の女子学生は中央と立教にも合格していたと語っていた。男子学生は中央、法政にも合格していた。その中から明治を選んだのだ。法学部では抜きんでた人気を誇っていたのが、中央だったが、いまや中央に受かっても明治を選ぶ高校生が増えているというのである。

ブランドイメージだけでなく、高校生から見る大学の実力としても、この10年で評価を高めたのだ。

MARCHではなく、ARCHになる?

　こうした中、自分たちのブランドイメージだけでなく、長く〝大学業界〟で言われてきた定説をも破壊しようとしているのが、実は明治大学である。首都圏の私立大学で、早慶上智に次ぐ、いわゆるＭＡＲＣＨ（明治、青山学院、立教、中央、法政）から脱していくことだ。河野氏は言う。

「もうＭＡＲＣＨではないんじゃないか、というのが、私たちの考えなんです。そろそろ、Ｍを抜いて、ＡＲＣＨなんじゃないかと。首都圏の私大は早慶があって、上智明治があって、ＡＲＣＨがある。これが私たちが近年、高校や予備校に行って、あいつらまたうるさいなと思われながらも、口を酸っぱくして言っていることでして（笑）」

　ただ、先の東大合格者数トップ50高校の重複校数比較をグラフ化してみると、河野氏がそう言いたくなるのもわかる。たしかに２０００年代初頭までは、ＭＡＲＣＨは明らかに一塊になっている。

　ところが、先に紹介した明治人気が高まる２００８年あたりから、明治は頭ひとつ抜けていたのだ。

合格者数トップ50高校　重複校数比較（東大基準）

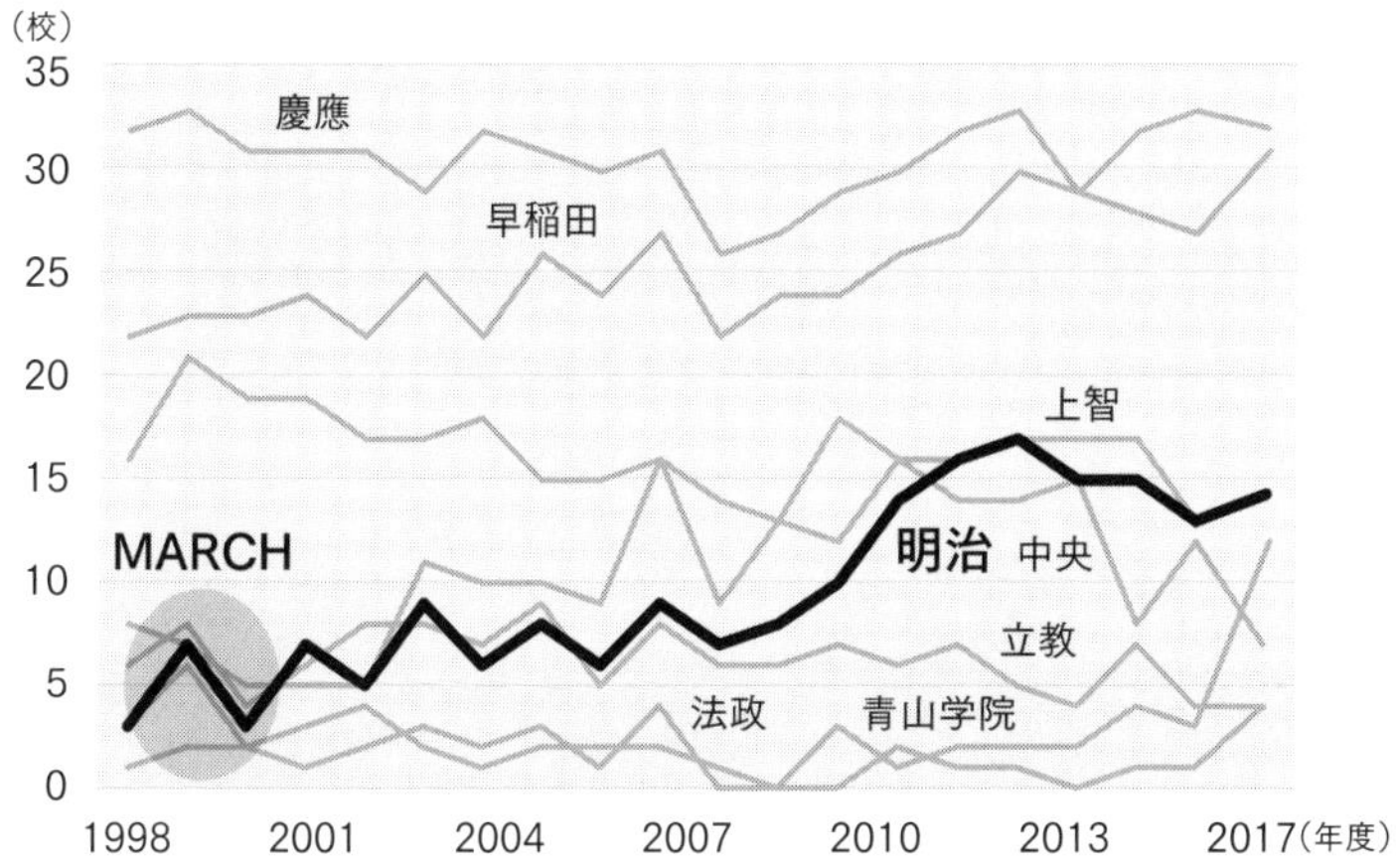

（出所）明治大学入学センター事務室調べ。

「早慶上智とＭＡＲＣＨの２グループ化ではなく、３グループ化になってきているのではないかと」

慶應を基準としたデータを見ると、東大以上に如実にわかる。

「慶應は医学部がありますから、慶應と早稲田を比べると、東大との関係で慶應が強いのは当たり前です。となると、上智と明治で１つのグループなのではないか、ということです。ひいき目で言っているのではなく、実態はやはりＭＡＲＣＨと言っているのは、ちょっと違うんじゃないかと、ささやかに思う次第です。昔と比べると、これはちょっと実態に合わなくなっているのではないかと」

ＭＡＲＣＨは現代の受験用語のように思われているケースもあるようだが、実は歴史は意外に古い。１９６０年代、高度経済成長に入り、大学進学者が急増した時代に、旺文社の入試情報誌『蛍雪時代』編集部の代田恭之氏が考案したものだという。70年代の「日東駒専」、80年代の「大東亜帝国」も代田氏のネーミングだ。

いずれも、なんともうまいネーミングだ。しかも50年以上も使われている。あまりにインパクトが強いので、このイメージを破壊していくのは、並大抵のことではないかもしれない。しかし、明治大学はそれに挑もうとしている。しかも、できるかもしれないのだ。それだけの力を獲得してきたのである。

もう1つ、明治の力を示す、興味深いデータをご紹介しておきたい。２０１０年、早稲田を抜いて志願者数ランキングで1位になった明治だが、２０１４年からは3年連続で2位。２０１７年には4位に沈んでいる。だが、これについては意に介している様子はまったくない。

志願者数で明治が早稲田を抜いたことが大きなニュースになったことで、志願者数に大きなフォーカスがあたってしまった。大学によっては、ただ志願者を集めるためではないか、と思える取り組みを推し進めたところもある。同じ受験料で何学部も受

志願者数ベスト５の推移

順位	2007年	2008年	2009年	2010年	2011年
1	早稲田	早稲田	早稲田	**明治**	**明治**
2	**明治**	**明治**	**明治**	早稲田	早稲田
3	関西	法政	日本	日本	法政
4	立命館	立命館	関西	法政	日本
5	法政	関西	法政	関西	関西

順位	2012年	2013年	2014年	2015年	2016年
1	**明治**	**明治**	近畿	近畿	近畿
2	早稲田	早稲田	**明治**	**明治**	**明治**
3	立命館	近畿	早稲田	早稲田	早稲田
4	法政	日本	日本	日本	日本
5	中央	法政	法政	法政	法政

（出所）大学通信「大学探しランキングブック 2017」。

けられたり、受験科目を減らしたり。だが、実のところ明治はまったく気にしていないのである。重視しているポイントが違うのだ。河野氏は言う。

「志願者の実数が何人だったのか、ということです」

同一大学内でいくつも学科併願ができるようになって、実際の受験者数がわかりにくくなっているのだ。実数を公表していない大学では、述べ志願者数が志願者実数の約３倍の大学もあるのだという。

そうした中で、慶應は２００５年から志願者実数を公表。単願者

延べ志願者数と志願者実数（2017 年）

順位	大学	延べ志願者数	志願者実数
1	近畿	146,896	非公表
2	法政	119,206	非公表
3	早稲田	114,983	54,693
4	**明治**	**113,507**	**59,801**
5	日本	112,583	非公表
6	東洋	101,180	非公表
7	立命館	96,126	39,356
8	関西	84,586	非公表
9	千葉工業	74,466	非公表
10	中央	74,029	非公表
……			
−	立教	62,655	32,435
−	慶應義塾	44,845	30,219
−	関西学院	43,021	17,936
−	愛知	20,947	7,064

（出所）『毎日新聞』2017 年 6 月 13 日付、大学通信調べおよび明治大学資料を基に作成。

の数や複数併願者の数などについても細かく公表している。詳しくは大学通信が調査した表を参照いただきたいが、慶應の志願者数は4万4845人。うち、志願者実数は3万219人だ。

「今年から早稲田も公表を始めました。11万4983人のうち5万4693人でした。実は明治も今年から公表を始めまして、11万3507人のうち5万9801人でした」

なんと志願者実数で、早稲田を上回っていたのだ。

「間接的に耳にしたのは、志願者実数ではおそらく一番だろうということです」

公表している立教が、3万2435人。ここでも明治は、MARCHの中で頭ひとつ抜け出している可能性が高いのである。

伝統を維持しつつ、「おしゃれな」大学へ

MARCHからARCHへ。明治は、上智明治という第2グループへ。実のところ、明治の躍進もあるが、上智がポジションを落としてきているのではないか、という印象もある。先のデータでも、その傾向は見て取れたのではないだろうか。

背景にあるのは、看板学部が苦戦していることのようだ。上智といえば、外国語学部。ところが、いまや国際系の学部で国内トップになっているのは、早稲田の国際教養学部だという。これがダメージを与えたのではないか、というのである。

大学とて、ずっと同じポジションやイメージを維持していけるわけではない。しかるべき取り組みをしっかり進めていかなければ、おしりに火が付きかねないのだ。

一方で、明治に感じるのは、この20年ほどで他大学にない特異なポジションを築いていったのではないか、ということだ。伝統的な力、さらには実力をしっかりと維持

明治大学のポジショニングの変化

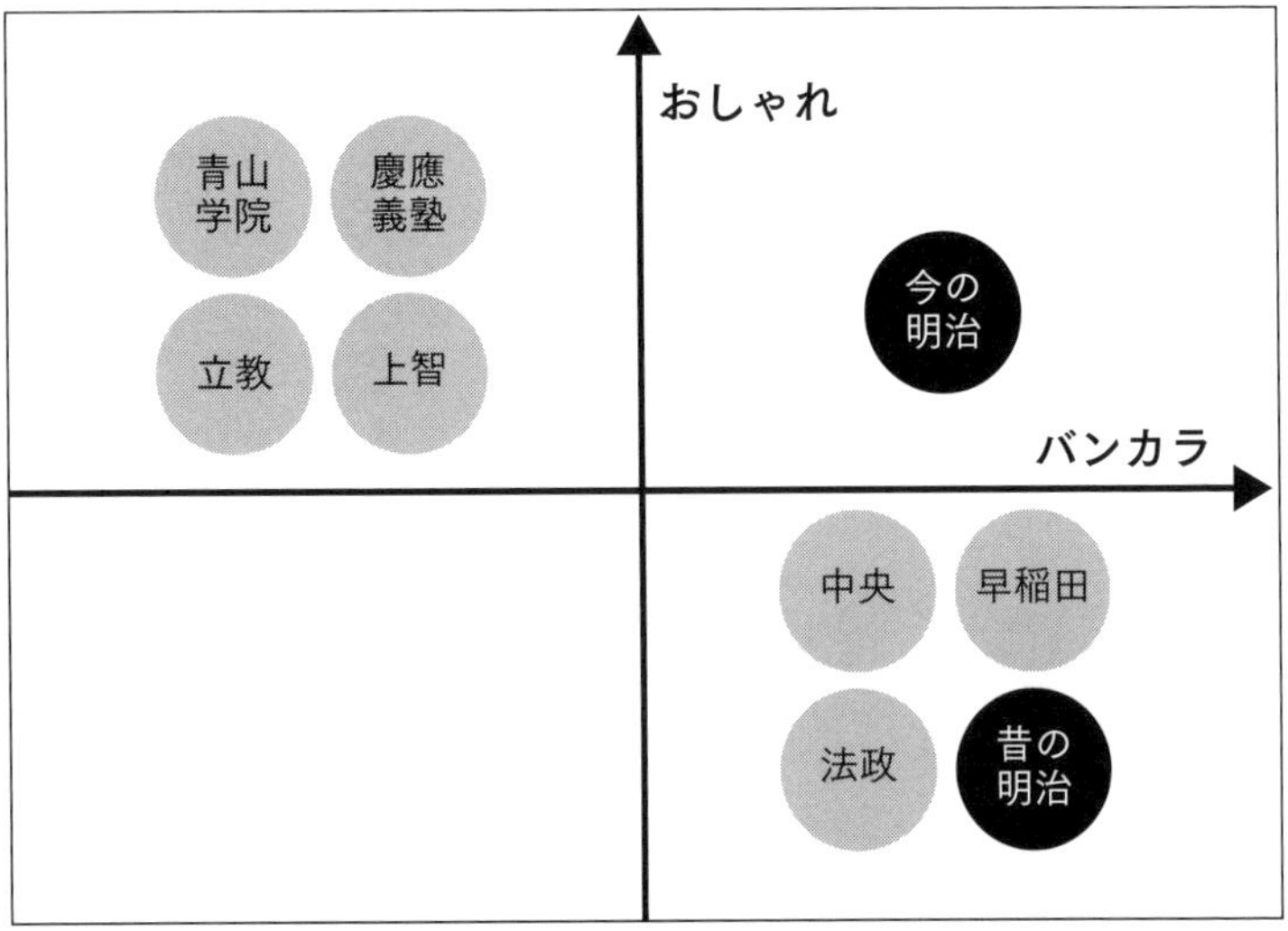

しつつ、「おしゃれな」イメージをも加味していく。

ポジショニングマップをつくるとすれば、図のようになるだろう。ただ既存のイメージを高めていくのではなく、自分たちがつくりたいポジションへと移動させていったのだ。そんなことが可能なのか、しかも大学で、と思うかもしれないが、実際にこれが実現できているのである。

結果的に、「おしゃれな」大学でありつつも、軽い感じにはなっていない。しっかり実力を兼ね備えた安定感があるのだ。

もとより、マジメな大学なのである。

私は今回の取材で初めて聞いたのだが、

明治大学は、合格をしても、入学金を納める日が遅い。そうすると国公立の併願者も、受験しやすい。これも、上位の受験者を集めている理由の1つだろう。

私は関西の出身者であり、受験のときは関西の大学から受験が始まった。となると、合格通知も先にもらってしまうことになる。関東の大学は、合格発表が遅いので、合格通知も遅い。となれば、合格した関西の大学は入学金を払い込まないといけない。

いつまでに入学金を払い込んでほしい、という大学からの依頼は極めて巧妙なスケジューリングでできていた。払い込まないと待ってはくれないのだ。

まだ高校生だったが、行かないかもしれない大学の入学金、しかも記憶が正しければ20万円を超えるお金を親に払わせるのは、大きな罪悪感だった。父親は特に何も言わなかったが、明らかにおかしいと思っていたに違いない。河野氏は言う。

「明治大学では、できるだけ、そういうことがないようにしているんです。私の学生時代からですから、昔からですね。学部にもよりますが、国公立の前期日程の発表日、というケースもありますし、前期日程の発表日以降という学部もあります」

しかし、大学は先に払い込んでもらったほうが、利益につながるだろう。多くの大学が、それをやって〝稼いで〟いるのだ。明治大学は、困らないのか。

「まあ、困るっちゃ困るんでしょうけど、変えろとは言われていない（笑）。明治はずっとそうしてきていますから、それでいいと思っているんじゃないでしょうか」

こういう姿勢もまた、受験生に支持されているのは間違いない。

「入試って、三者のメリットがないといけないと思っているんです。大学のメリット、受験生のメリット、高校のメリットです。この3つが揃わないと絶対に続かないんです」

一番いい例が、共通一次試験がなぜダメになったのか、だという。

「難関の国公立大学を受験する学生はさておき、あれだけの科目数を、そうでない学生にはなかなかカバーできない。それで中堅の国公立大の志願者が減って、そこから私立大学ブームがやってきたんです」

本当に必要なものを適切にやっていくことが、受験生の支持を得ることにつながるのだ、と河野氏は言う。

「ですから、私たちの一番の強みは受験生、高校の先生方の支持を得ている、ということだと考えています。それが一番の強みです」

だが、特に支持を増やした層がある。それがまさに女子高生だったのだ。ここにこそ、「おしゃれさ」を意図した明治大学の狙いがあった。

志願者も入学者も、女子が増えている

大学通信「大学探しランキングブック」の調査で、これまた興味深いデータがある。「受験生が評価する大学／女子に人気のある大学 私立大学編」だ。

2012年以降のデータを見ると、明治大学は必ずトップ5に入っている。2012年には、慶應を押さえて3位にランクされているのだ。女子高生に高い支持を得ていることがわかる。

そして実際に、明治大学ではこの女子学生を増やしていったのだ。河野氏はいう。

「2006年度から2007年度にかけて、1万8000人ほど受験生が増えました。8万4000人から、10万2000人。しかし、このときは、女子も5000人増えましたが、男子は1万3000人でしたので、男子のほうが増えていたんです」

2007年度の志願者数の男子比率は70・4％。実に7割が男子だったのだ。ところがここから、じわじわと女子学生が増えていく。2016年度には、男子比率は65・3％にまで減るのだ。

「2007年度の女子の志願者数は3万358人でした。それが2017年度に

女子に人気の私立大学

<table>
<tr><th>順位</th><th>2012年</th><th>2013年</th><th>2014年</th><th>2015年</th><th>2016年</th></tr>
<tr><td>1</td><td>青山学院</td><td>青山学院</td><td>早稲田</td><td>慶應義塾</td><td>青山学院</td></tr>
<tr><td>2</td><td>早稲田</td><td>慶應義塾</td><td>慶應義塾</td><td>青山学院</td><td>慶應義塾</td></tr>
<tr><td>3</td><td>明治</td><td>早稲田</td><td>青山学院</td><td>早稲田</td><td>早稲田</td></tr>
<tr><td>4</td><td>慶應義塾</td><td>明治</td><td>明治</td><td>明治</td><td>明治</td></tr>
<tr><td>5</td><td>上智</td><td>上智</td><td>立教</td><td>立教</td><td>上智</td></tr>
<tr><td>6</td><td>立教</td><td>立教</td><td>同志社</td><td>上智</td><td>立教</td></tr>
<tr><td>7</td><td>関西</td><td>武庫川女子</td><td>上智</td><td>同志社</td><td>同志社</td></tr>
<tr><td>8</td><td>武庫川女子</td><td>立命館</td><td>関西学院</td><td>関西</td><td rowspan="2">日本女子、立命館</td></tr>
<tr><td>9</td><td rowspan="2">同志社、神戸女子</td><td>京都女子</td><td>近畿</td><td>関西学院</td></tr>
<tr><td>10</td><td>日本、同志社、関西学院</td><td>同志社女子</td><td>京都女子</td><td>近畿</td></tr>
</table>

（出所）　大学通信「大学探しランキングブック 2017」。

は3万9154人に増えている。約9000人増えているんです。一方、男子は7万2093人が7万4353人ですから、約2000人しか増えていない。志願者合計は10万2451人が、11万3507人になったわけですが、その中身は女子が増えている、ということなんです」

入学した学生数全体を見ても、女子の増加率は、2012年度を100とすると、2016年度は114%になる。男女割合も、2012年度には69・6%が男子だったものが、65・6%になっている。志願者も入学者も、女子が増えているのだ。

実は、明治大学の人気と躍進を支え

明治大学の男女別学生数の推移

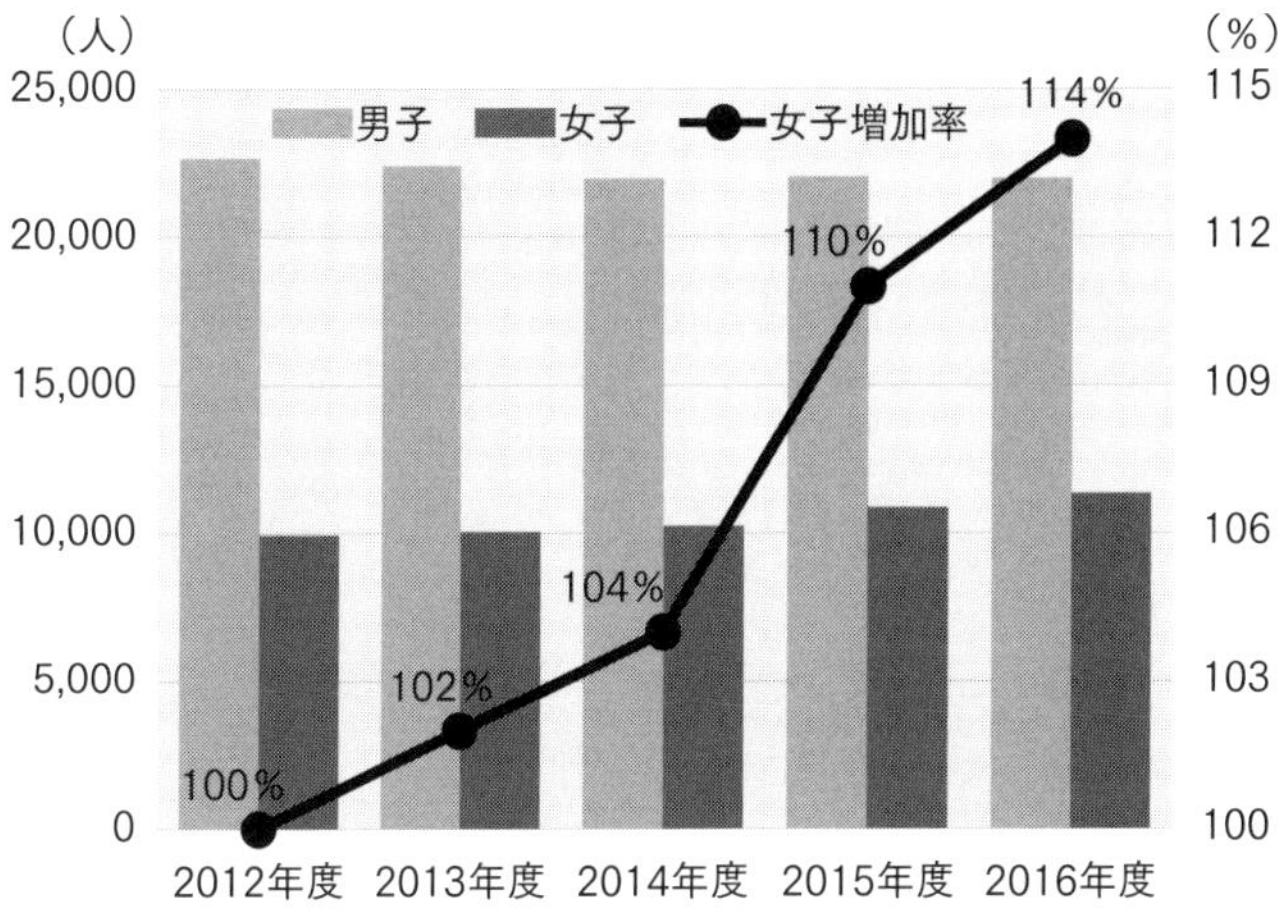

（出所）明治大学学内資料。

てきたのは、女子高生だったのである。

だからこそ、さっきのポジショニングが意味を持ってくる。明治大学という大学を、どんなゾーンに持っていくか。女子に支持されるような大学にしていく、ということである。

「おしゃれさ」は、その1つだが、もとよりバンカラで男臭かった大学が、何もしないで勝手に「おしゃれ」になっていくはずがない。明治大学は、意図してこれをやったのだ。

そこには、戦略的なさまざまな取り組みがあったのである。

先にも触れたが、明治大学が人気になった理由を、

「あれは、リバティタワーを建てたからだろ」と安直に考えてしまう人は少なくない。タワーの1階には、女子学生のためのパウダールームが設置されており、人によっては、

「あのパウダールームが女子を呼び寄せた」

などと語る人もいたが、見当違いも甚だしい。パウダールームをつくったくらいで女子学生からの人気が高まるのであれば、どこでも真似をするだろう。

本質は、まったくそんなところにはない。独自の特異なポジショニングを手に入れるために、明治大学はさまざまな努力を推し進めてきたのだ。

実際、リバティタワーができたのは、1998年。その後に、志願者が急激に増えた、というデータはない。それどころか、2004年から2005年にかけて、明治大学は志願者が7万人台に落ち込んでいたのである。いわば、おしりに火がついたのだ。

しかし、このあたりから明治大学は本気で「変革」を加速させていく。そして、OB・OGの誰もが驚く、ブランドイメージの大転換を成し遂げるのだ。

OPENNESS

第2章

キャンパスから門も壁も取り払え！

日本初の大学高層ビルは、いかにして実現したか

ＪＲ御茶ノ水駅の御茶ノ水橋口から神田神保町に向かって歩いていくと、右手にグローバルフロント、アカデミーコモン、そしてリバティタワーと、次々に大きな建物が見えてくる。そこが大学だとは、もしかしたら気づかない人もいるかもしれない。

古いキャンパスが2期工事、３期工事で整備されていったが、新しいキャンパスの象徴は、やはりいまも「リバティタワー」だ。高さ１２０メートル、地上23階、地下3階の明治大学のシンボルタワーは、１９９８年に建てられた。

ガラス張りのエレベーターからは東京都心が見下ろせ、17階にある学生食堂、スカイラウンジからの眺めは壮観だ。

地下1階から16階までは文系学生の教室フロア。19階から22階までは、研究所やゼミで使用できる予備教室になっている。

23階には記念ホール、地下には図書館や体育館、駐車場などが整備され、法、商、政治経済、文、経営、情報コミュニケーション学部の３、４年生、さらには大学院生、約１万２０００人のための場所になっている。

リバティタワーという名は、明治大学の建学の精神である「権利自由」に由来する。当時は、大学が高層ビルを建てるなど、考えられない時代だった。いまでは当たり前になっている都心型キャンパスの先駆けこそ、明治大学なのだ。

創立120周年の記念事業だったというが、どうして、明治大学は、こんな思い切ったことができたのか。

学長室でにこやかに迎えてくれた大学トップ、土屋恵一郎明治大学長に聞いた。法学部の教授、さらには学部長も務めていた人物だが、実は能の研究者、プロデューサーでも知られる異色の大学人である。

「リバティタワーの場所には、もともと明治大学記念館があったんです。しかし、昭和初期に建てられたもので、古くて現在の使用には耐えないものでした」

リバティタワー。高さ120m、地上23階、地下3階の都市型キャンパスで、文系学部の3、4年生と大学院生、約1万2000人が学んでいる。

青緑色のドーム型屋根と鳳の翼に似た姿が特徴の記念館は、大学の象徴的存在として学生にも親しまれていた。

「そうした建物は、街にとってはとても大事なんです。この一帯は割と古い建物が残っていて、それが街の空気をつくっていました。その意味では、壊すことに対する躊躇もあったんですが、20世紀から21世紀へという時代を考えたとき、教育のあり方や、新しい学生像も含め、新しい姿を示すためには、ここで大きな一歩が大事だろうと考えたんです」

実はもっと高い建物が計画されていたという。しかもツインタワー計画だった。このプランを実現できないか、いまも模索中だそうだ。

「昭和の建築様式を捨てて、完全な高層タワーを建てる。やはり明治大学のイメージを変えていこうということです」

しかもタワーを建てるとき、意識されたのが、未来に先駆けたIT化だ。最先端のものはいずれ陳腐化するという宿命は持っているとはいえ、当時としては画期的なIT環境が整えられた。全教室、全デスクにLANケーブルが敷設され、すべての部屋にプロジェクターが設置されている。

「大規模大学として、今後ITを通した教育をどうやっていくのかということを考えたということです。しかも明治というのは、教員だけではなく職員の力も大きいので、アイディアを募り、女性用トイレを大学としては異例なほどきれいにした。パウダールームをつくるなんてことは、おそらくどの大学も考えていなかったでしょう。だから、リバティタワーは大きいだけではなくて、施設の先端性とか、学生に対する親密性ということにおいては、大学の建物としては異例なほどに先端的だったんです」

それにしても、伝統校である明治大学に、どうしてこれほど思い切ったことができたのか。

「明治というのは伝統校ではあるけれど、同時に常に新しいことを追求してきた大学でもあるんですよ」

計画が始まったのは、１９９０年代前半。明治大学のイメージを新しくしようという意識。さらにはアメリカの大学もにらみながら計画は進んでいったのではないかと語る。

「率直に申し上げれば、大学の建物としては、品のない建物ですよ。こんなでっかいタワーを大学が建ててしまった。前を通る中高年女性には、『山の上ホテルもこんなに立派になって』と語っていた人もいました（笑）。ホテルだと思われていたんです」

しかし、この品のなさこそが、パワーになったと土屋学長は語る。

「僕が思っていたのは、なんといっても学生にプライドを持ってほしかったということです。自分が卒業したとき、明治ＯＢ・ＯＧだと言えるプライドを持てるようにしたかった。昔は、明治出身だ、と言わないＯＢ・ＯＧもいた。いまはみんな言いますね。受験者が増えるとか増えないとかではなく、学生が最大の受益者でないといけない。学生のためでないといけないんです。学生が最大の利益を受け、自らがここが私のプライドだ、と言えるような大学にしたかった」

先端的な設備を備え、きれいで、ホテルと間違えるような全体のしつらえになっている。そんなキャンパスを持っていることもプライドの１つになる。こういうところから少しでもイメージが変わり、人気が出れば当然、自分の誇りにもつながる。

「学生にとってのプライドの場所をつくろうと、みんな頑張ったんです」

街そのものがキャンパスである

もとより１９７０年代後半から１９９０年代にかけて、都心にあった大学が続々とキャンパスを郊外に移転していった時期があった。中央大学、青山学院大学、法政大学などが、次々に郊外にキャンパスをつくっていった。

背景にあったのは、1959年と1964年に制定された「工場等制限法」と総称される法律だ。

都市部への産業および人口の過度の集中を防止し、都市環境の改善を図るため、都市部に工場などの施設の新増設を禁止するという法律である。都心に人口が集中し過ぎているから、大学も新設したり、学部の増設はまかりならん、ということになったわけだ。

ところが、明治大学はこの流れに乗らなかった。当時のMARCHが続々と移転を決めていく中、都心部にとどまったのである。結果的に、後に大学は都心部に回帰していく。明治の戦略は正解だったわけだが、土屋学長が意外なことを語った。

「それが明治にとって、いいことだったのか、悪いことだったのかはわかりませんが、恥を忍んで言えば、移ろうとしたんです、郊外に。ところが、移れなかった。学内の反対があったからです。移らなかったんじゃなくて、移れなかったんです」

明治大学はツイていたのかもしれない。移転の波に乗れなかったことが、後のリバティタワー建設に大いにプラスに作用したことは、想像に難くない。移転をしなかったこともあって、大学内には臨時定員増分でつくられた資金もあった。校友や在学生の父母からも募金も得ることができた。学生のプライドを高められるような思い切ったキャンパスづくりに踏み込むことができたのだ。

しかも、残り続けた御茶ノ水、神保町の街へのこだわりは強かった。

「大学と街を一体化したコミュニティとして考えようという思想が、このときにあったんです。常に開放された、外に向かって開かれた大学としてのイメージをまずはつくっていこう、と」

そして、なんとも大胆な試みが実行に移される。なんと明治大学はリバティタワーをつくるとき、塀をつくらないという決断をするのだ。そして、大学の門をなくしてしまったのである。

「普通はセキュリティの問題もあって、大学を外から区別しようという思想になる。でも、むしろ外に開放してしまったんです。御茶ノ水、神保町というこの街と一体化したものとして、大学の空間を、コミュニティをつくり上げようという意識がとても強かったんです」

このときの新キャンパスを設計した人たちの先見性を、土屋学長は高く評価する。いま、明治大学で最も新しい中野キャンパスにも門はない。しかし、リバティタワーは、それを20年も前に実現させているのだ。

「その後、つくられた建物には、一切、塀も門もありません。街そのものがキャンパスである、という考え方ですね。門も塀もないけど、いままで問題は起きていない。そもそも、門があろうとなかろうと、セキュリティは常に問題なんです。塀や門があったって、保障されない。むしろ、外側に開かれているほうが、周りからも見られているから、怪しい人はやって来ない。その意味では、オープンにしたほうが、セキュリティはむしろ高まるのかもしれないですね」

なんとも画期的な考え方で明治大学の新しいキャンパスはつくられたのだ。そして、門をつくらなかったからこそ、放逐することができたものがあった。かつての古いキャンパスでは、あちこちにあった学生運動の立て看板である。

「塀と門がないということは、看板を立てられないんです。だから一時は、立て看を立てるための場所を、一部につくってあげたりしていました。小さなスペースでしたが。やがて、それもなくなりました」

そういえば、久しぶりに行った早稲田大学のキャンパスでは、あれほど近代的になりながら、立て看がまだあった。門と塀があるからだ。

そして明治大学では、立て看が立てられなくなったことで、改めて、あぶり出されてきた存在があった。その団体と明治大学は、真正面から対峙するのである。

後に有名になった俳優や女優が入学してきた

　リバティタワーを建て、変革に踏み出した明治大学だったが、学内には依然として学生運動との軋轢があった。土屋学長が語る。

「当時、警察力を使わずに、教員と職員だけで学生運動家との問題を解決することを決断したんです」

　このとき、教員と職員が一丸となったのだという。全員が交代で見張りに立ち、身体を張って大学を守った。土屋学長も、当時もちろん見張りに立っている。

　学生運動の問題を解決したことで、大学のキャンパスは、ますます魅力を増すことになった。牛尾教授は続ける。

「伝統とか、これまでの慣例とか、慣習とか、守らないといけない文化もありながら、やっぱりこのままではいけない、と思った当時の執行部の人たちが断行したんです。それによって、なしえたのが、いまのブランドイメージなのだと思っています」

　古くて薄暗いキャンパスから、新しい高層タワーを建てたという英断。そして、美しい高層タワーを建ててもなおまだ残っていた問題に真正面から向き合い、それを解決することを決断した。明治大学は、単に「表面的にきれいにしただけ」ではなかったのだ。自分たちの問題に真剣に向き合い、それを自分たちで解決したのである。牛尾教授は言う。

「キャンパスが本当の意味できれいになってから、急に女子学生が増えた。そんな印象が強くあります。それからキャンパスに、お母さんとお嬢さんが見学に来たりするようになったんです。素敵だね、きれいな学校だね、と」

問題を解決したことで、教員も職員も、本当に胸を張って受け入れられるようになったのだ。そんな自信もまた、明治のブランドイメージに寄与していったのだろう。牛尾教授は続ける。

「だんだんと、あちこちで『明治って、すごいんだってね』と言われるようになりました。『予備校に子どもを通わせてるんだけど、予備校の先生が、明治を受けなさい、と勧めてくる。だから受けることにした』と言われることも増えていきました。ちょうど私の友達の子どもが大学受験することが多かったので、余計に印象に残っています」

そして、後に有名な俳優や女優になったり、大々的にタレント活動を推し進めていくような学生が増えていく。俳優の向井理、ジャニーズの山下智久、女優の北川景子、井上真央……。彼らは、自らが明治大学を希望し、入学してきたのだ。

彼らが自分たちのブランディングにふさわしいと思える大学に、明治大学がなっていたのである。牛尾教授は言う。

「１９９８年から２００３年までの間、ハードが変わって景色が大きく変わった印象があります。この間、いろいろなものが刷新された。これによって２００４年から開花していった印象があります」

その２００４年から2期、学長として大学を率いたのが、納谷廣美氏だった。この2期8年で、明治大学は大きく変わっていく。

本当の変革はリバティタワーの後に始まった

１９９８年にできたリバティタワー。しかし、本当に明治大学が変わり、学生の人気が出始めたのは、実はタワーが建てられたことがきっかけではなかった。先にも書いたように、２００４年には7万人台まで志願者数を落としてしまうのだ。土屋学長は語る。

「入試の志願者数が大きく増えたのは、この10年ほどですから。それまでは、そんなに大きく変化したわけではない。２００４年以降、これは僕もメンバーでしたが、明治大学をどうやってかつてと違うものにつくり替えていくのか、かなり意識的に取り組みを進めていったんです」

それを推進していたのが、納谷元学長だ。土屋学長は、1期目は法学部長、2期目は教務理事として実質的に納谷氏を支える立場にあった。

「1期目は『外部評価に耐えうる大学をつくろう』ということで、さまざまな内部的な規則や制度を改めながら、外側の組織と同じだけの強度を持った大学組織をつくり上げようとしました。その中で学生の教育を支えていく。研究を支えるような基盤をつくっていく」

この中で、いまにもつながっていくような研究組織が生まれる風土ができた。明らかに、ここから1つのシフトチェンジ、パラダイム転換が起こったという。

「第2期は、『世界へ』という言葉で、明治大学を国際化しようという取り組みを推し進めました。明治大学は、国際化はまったく縁のない大学だったんです。留学生もあまりいないし、そもそも国際化するような意欲もなかった」

しかし、そこで「世界へ」というテーマがリーダーによって掲げられたのだ。土屋学長は教務理事として、大学の予算の配分を国際化に振り向けていったという。

「タイにアセアンセンターをつくるとか、そういう、いわば大学にとっては財政的な負担になるものであったとしても、明治大学の国際化路線を強化する拠点をつくらないといけない、ということでは一致していて、全体がそれで動いていったんです」

こうした動きの中で、受験の志願者数が10万人を突破する。2007年度のことだ。

「ですから、ただリバティタワーができて明治大学のイメージが変わっていったのではない。戦略的に動いて大学そのもののイメージを自分たちで変えていったんです。リバティタワーをイメージ拠点にしながら、国際化を推進したり、教育や研究組織を強化したり、いまの総合数理学部の母体になるような先端数理科学インスティテュート（MIMS）など数理系の研究センターをつくったりした。いわば、明治大学にいままでにない要素です」

ニューカレッジとしての布石をかなり打っていったことが、受験生の増大に結びついていったのだと語る。

「そして、学長を含めた明治大学の教員、職員が、明らかに意識が変わっていった。新しい明治をつくろうという意識が高まっていったんです」

たしかにリバティタワー建設のインパクトは大きかった。都心の大学がキャンパスにビルを建てるという大胆な取り組みは、後に多くの大学が取り入れることになる。明治大学には、たくさんの大学関係者が見学に訪れたという。

しかし、建物が変わったから明治大学が変わったのではなかった。リバティタワーは、あくまでスタートラインだったのだ。むしろ、本格的な変革は、リバティタワーができた後に始まっているのである。

例えば、51年ぶりの新学部創設。志願者数を増やした入試改革。斬新な図書館の建設。「就職の明治」のさらなる進化……。明治大学の積極果敢な変革ストーリーを、続いてお届けしたい。

DIFFEREN
TIATION

第3章

大きな挑戦は上からの指示では果たせない

もっと地方の学生に来てほしい

リバティタワーは建てたものの、一度は7万人台にまで落ちた受験志願者。これが大きく上向くきっかけになった取り組みがあった。それが、2007年の入試改革だ。志願者数の落ち込みに危機感を持った明治大学は、「全学部統一入試」の導入に踏み切るのである。

これは、8つの学部（当時）が共通の試験問題で入試を実施する制度だ。一度の受験で複数の学部に出願できるメリットが、大きな反響を呼んだ。さらに、受験地を首都圏の3つのキャンパスだけではなく、札幌、仙台、名古屋、福岡と全国5都市に広げた。

この制度の導入によって、2007年の受験者数は約1万8000人増えた。もとより全学部入試の形態は、全国型大学を目指す、明治大学の建学の精神と合致していた。また、高偏差値の併願私立大学が限られている地方都市では、この入試改革は喜ばれたのだ。

だが、大学側から見れば、これは大変な変革だった。広報課の丸山氏は言う。

「大学内には、『権利自由』『独立自治』という創立の理念があります。学部ごとの自治がとても強い。試験問題を同じにするとなれば、そう簡単にまとまるものではなかったと聞いています」

当時、8つの学部の足並みは、まったく揃わなかった。そのため、実現は不可能だと囁かれたのだ。

もとより、これまでの入試とは別に全学部統一入試が行われるのである。商学部の専任教授で現在、教務部長を務める千田亮吉副学長は語る。

「試験の問題を、もう1つ作成しないといけないんです。ですから、教員の負担は大きくなる。さらに地方都市でも試験を開催するとなれば、各地に教員が行かなければいけません。試験監督をするためです。北海道となれば、前々日から行って準備をしないといけなかった」

教員側とすれば、負担も増える。となれば、おいそれと引き受けることはできなかったのだ。

しかし、ここで立ち上がったのが、当時の教務部長だった。一学部ずつ丁寧に説明して回ったのだという。熱い思いは徐々に浸透し、趣旨に賛同する学部が現れ始めた。最終的に全学部が実施したい、という意志を持つに至る。土屋学長は言う。

「リバティタワーもそうですが、明治という大学は、本当にやらなければいけない、というときに対する対応力は強いんです。1つの要因は、大学が偉そうにしていない、ということだと思っています。威張ることもない。だから、社会の現実に対する対応力は強い。変えることに対する恐怖心はないんです」

結果的に志願者は大幅に増えた。全国で入試を行えることになり、地方受験生の交通費・宿泊費などの金銭的な負担を軽減させることにつながったことは大きかった。優秀な学生を全国から獲得できるようになったのだ。地方在住の受験生と保護者から、高い支持を得た。

かつて明治大学は、「方言の聞こえる大学」として全国から学生が集まっていたという。それが次第に関東エリアの割合が増えるようになっていた。この入試改革には、もっと地方から学生が来てほしい、という願いが込められていたのだ。

入試改革ではもう1つ、新たな取り組みが行われていた。入学試験問題の改革だ。特に私立の大学入試では、重箱の隅をつついたような難問奇問が出題されることもよくあった。これを改善する取り組みに挑んだのだ。千田副学長は言う。

「できるだけ標準的な問題にするようにしました。難問奇問のような問題はつくらず、高校生が標準的な勉強をきちんとしていれば、十分に点が取れるような問題にしたんです」

これも受験生からは好評となる。高校までで学んだことをしっかり試験で発揮できれば、合格ができるからである。土屋学長も言う。

「当たり前のことなんですけどね。ただ、試験には、やはり個々の教員の個性が出ていた、ということも大きかったと思います。ただ、若い教員も増えていって、意識も変わっていきました。試験問題をつくる教員の世代交代が起きたタイミングと、改革のタイミングをうまく合わせられた、ということは言えると思います」

試験問題も標準的でわかりやすい問題になっているが、明治大学は入試の仕組みそのものもわかりやすくなっている。最近の入試は、センター試験併用にA方式、B方式など、大学によっては文字どおり複雑怪奇な試験形式になっているところもある。入学センター事務長の河野氏は言う。

「できるだけわかりやすくするために、絶対にアルファベットは使わない、ということになっています」

明治大学が発行している入試のための冊子「入試データブック」を見ても、入試形態はシンプルだ。一般選抜入試、全学部統一入試、センター試験利用、特別入試、推薦入試のみ、である。河野氏は続ける。

「全学部統一入試も複数の学科は出願できません。それこそ数だけ集めようと思ったら、学科の併願を増やしたほうがいいのかもしれません。しかし、全学部統一入試は1学部は1学科のみです。もちろん複数学部の受験はできます」

実は全学部統一入試は、一足早く前年に始めていた大学があった。立教大学だ。ただ、立教の場合は、学部間併願はできず、地方入試もなかった。そして明治には、もっと前に実は入試改革に挑んでいたという伏線があった。1990年代後半から始めたセンター試験利用入試だ。河野氏は言う。

「一般選抜入試に加えて行った、初めての別試験。これは大変でしたね。当初2学部だけのスタートで、後に全学に広がっていきました」

センター試験利用入試に踏み切ったのも、地方から学生を取りたかったからだ。ここでも、目的ははっきりしていた。もちろん、志願者数を増やしたい意図もあった。だが、問題はどこから増やすのか、だったのだ。明治はこのとき、まずは地方都市出身の学生を、と考えた。それが、功を奏したのである。

現場の熱意が創った女子比率約47%の新学部

大きな変革といえば、もう1つ、新学部の創設が挙げられる。これもまた、後に新しい明治大学のイメージを形づくっていくことになる。まずは2004年に誕生した、情報コミュニケーション学部だ。いまでは、女子の比率が約47%を占めるという、女子に人気の学部になっている。

実は新学部創設は、明治大学にとって51年ぶりのことだった。言うまでもないことだが、新しい学部を創るというのは、簡単なことではない。実際、それまでにも新しい学部の構想が出ても、うまくいかなかったのだという。土屋学長は語る。

「社会共生学部というのを創ろうとしましたけど、つぶされました。後に現代教養デザイン学部というのを創ろうとした時期もありましたけど、これもつぶされた。連合教授会で承認されなかったからです」

これらの新学部の創設は、全教員が集まって議論する連合教授会を通さなければならなかったのだ。ところが、ここで通らなかった。

「既存の学部の利害に反するからです。学生を持っていかれてしまうという危機感につながる。新学部を創るときには、そういう議論にならないような提案の仕方にしないといけないんです」

ではなぜ、2004年に情報コミュニケーション学部はスタートできたのか。背景の1つは、明治大学短期大学の廃止が決まっていたからだ。明治大学短期大学は、短大には珍しく法律や経済が学べる短大だった。だが、女性も4年制大学に進学するという流れが加速していく。

もともと短大が持っていた基盤も使いながら、新しい学部を創ることができないか。その発想の延長上に、新たな学部構想が生まれたのだ。

だが、それでも構想から10年はかかったのではないか、と語るのは、情報コミュニケーション学部に所属する副学長の牛尾教授である。実は彼女が明治大学に教員として採用されたとき、まだ情報コミュニケーション学部はなかった。

「だから、とても時間がかかったんです。来年か再来年にはできますから、とりあえず短大に専任講師で入ってもらって、そこから移ってもらいます、と言われたんですが、なかなか新学部ができなくて（笑）。結局、私が明治大学の教員になってからも、5年くらいかかったんじゃないかと思います」

逆にいえば、これだけ難しい新学部創設を、明治大学は他大学に先駆けて2004年に踏み切っている、ともいえる。

そして、情報コミュニケーション学部につながるコンセプトが、形づくられていく。牛尾教授は続ける。

「社会がものすごく変わっていって、インターネットの世界がやってきて、既存の工業社会の中で当たり前と考えられていた社会の枠組みが、まったく通用しなくなっていました。新しい情報社会の中での、いろいろな問題、法律の上でも経済の上でも経営の上でもコミュニケーションにおいても、はっきりとした答えも見えなくなっていた。みんなで新しいことを考えていかないといけない、という教育の新しい方向があったんです」

情報コミュニケーション学部設立の背景には、教科書に書かれていることを勉強し、みんなで記憶し、それが正解だ、とする時代はもはや終わっているのだ、という発想がベースにあった。

「答えははっきりわからないんですが、みんなで知恵を寄せ合って、何だろう、と考えていく。いろんな学部の学問領域の壁を取り払って、そこに挑戦していく」

端的にいえば、学際的。いろいろな学部の学びを横断的にできる学部。問題解決から逆算して学びのプロセスを見つけていける学部。こうしたコンセプト、さらには情報コミュニケーション学部という、伝統的な大学らしからぬ学部名が、同じ社会科学系の学部ではあるけれど、他学部の教員たちにも支持されていくことになる。土屋学長は語る。

「こういう学部を創らないといけないんだ、ということを、強く打ち出し続けたことが大きかったんだと思います。上から『これを創りなさい』と言われているわけではありませんから、やっぱり発信をしないといけない。創りたいという人たちがいて、その人たちが執拗に食い下がっていったわけですよね。『創らないといけないんです』と熱く言うから、そうだな、と思ってくれる人が出てくるわけです」

実のところ、上から「これを創りなさい」と言われたとしても、うまくいかなかっただろう、と語る。そんなことでは絶対に無理だっただろう、と。土屋学長は続ける。

「いまも新学部構想が出てきたりしますし、こういう系が必要だよね、という議論はします。しかし、『絶対にこれが必要なんだ』と言う人がいないと、最終的には進んでいかないと思います」

大きな挑戦は、上からの指示で果たせるものではない。それよりも、現場からの本当の危機感が、それを持つ人たちの熱い思いが〝抵抗勢力〟をも動かしていくのだ。
まさにこれこそが、51年ぶりの新学部を現実のものにしたのである。

マンガやアニメは立派な研究対象である

そして4年後の２００８年。また新たな学部が創設されることになる。国際日本学部だ。このときも、まさに「絶対にこれが必要なんだ」と叫ぶ人がいたのだ。当時は法学部長だった土屋学長もその1人だった。

もともと国際系の学部を創ろう、という発想があったのだという。先にも紹介したが、このときは納谷学長時代。２００８年からは「世界へ」というコンセプトを掲げていた。土屋学長は言う。

「ただ、ありきたりの国際系学部を創っても、仕方がないと考えていたんですね。そんなとき、商学部の教授から、『日本というものを国際的に発信する学部を創りたい』という声が聞こえてきたんです。経済史の教授でしたから、日本経済や日本型経営のあり方のようなものを日本から発信する。面白いと思いました。一方で、僕は日本の文化をクールジャパンとして発信する学部を創りたいと考えていました。ここで意見が一致するわけですね。当時としては、かなり革新的なプランでした」

国際日本学部は、その学部名からして、極めてユニークである。国際関係学部、国際教養学部などはよく聞く学部名だが、国際日本学部とは、いったいどういうことなのか。ここにこそ、明治大学のこの学部創設の理念が詰まっている。

背景にあるのは、真の国際人とは、という問いだ。日本のことをよく知り、日本の良さを自信を持って世界に発信できる人物こそ、国際的に認められるのではないか。これこそが、国際日本学部のコンセプトである。

「世界へ」というコンセプトのもと、世界的な教育・研究拠点となるべく、始動する。充実した国際研究教育をベースにしながら、世界の注目を集めている日本の文化と社会システムに関して研究するのだ。

クールジャパンというキャッチフレーズで世界的に注目を集める日本の現代アートや映画、アニメ、マンガ、ファッションなどのポップカルチャーや、そうした現代文化のルーツにある芸能、武道、思想といった伝統文化などを広く学んでいく。

さらに、日本的ものづくりの技と心を学ぶことを目指し、日本のコンテンツ産業やビジネス文化、広告・メディア産業、アートビジネスなどを新しい切り口で分析していく。

一見、既存の学部とは、離れた領域の学びに思えるが、実はこの学部の創設にあたっても、強い反対があったのだという。土屋学長は続ける。

「大変な反対を受けましたね。マンガとかアニメとか、そんなものは学問じゃない、と。もちろん、丁寧に説得を試みました。ところが、ある社会科学系の学部だけが大反対をしていて、僕は賛成派の先頭に立って真っ向から議論することになりました」

最終的には、賛成している学部の学部長の声明文をつくったのだという。

「それで僕は連合教授会で、声明文を読んだんです。凄まじい反対をしている学部とは、もう議論にならない。だから、これはどうしても必要な新学部だから、認めてほしい、とお願いするしかなかった。そうしたら、連合教授会でゴーサインが出たんです」

土屋学長はこのとき、リクルート活動も担当していた。ポップカルチャー系の教員を集めたのは、実は土屋学長である。

「そういう教員は当時、明治大学にはいなかったわけですね。だから、知り合いの編集者にポップカルチャーに詳しい人がいたので、誰がいいのか、聞きに行きました」

こだわったのは、実作者ではなく、研究者であることだったのだという。

「偉い実作者、著名な作者は大勢いるんですよ。でも、そうではないと考えていました。日本のポップカルチャー、あるいは日本のマンガ、アニメについて詳しい研究者、しかも若い世代の人をとりたかった。クールジャパンなり、日本のポップカルチャーなりを研究し、日本全体の国の政策とも連携がとれる学部にしたかったんです」

これは後にも紹介するが、このとき森川嘉一郎や藤本由香里、宮本大人など、日本の名だたる専門家や研究者の採用に成功する。

「自分たちがやってきたことが、きちっと教えられる学部ができたということで、喜んでもらえました。それまでは、自分の研究をそのままダイレクトに出しているわけではない人もいたわけです。それは学問であるのか、という批判すらあったわけですから」

そんな中で、新しい学部を創り、マンガやアニメ、日本のクールジャパンを新しい領域として打ち出したのだ。

「それを学問として公認し、明治大学という看板のもとできちっとやっていこうと宣言したようなものでしたから。単にその人たちにとっての希望を与えただけではなくて、これから続いていく次の世代の研究者や、次の世代の新しい領域を開こうとするパイオニアたちにとっても、国際日本学部は勇気を与えたと私は思います」

初代の学部長には、文学部の教授を務めていた国際的なジャーナリストの蟹瀬誠一教授が就任した。「ナイスガイ」（土屋学長評）の蟹瀬教授によって、国際日本学部は順調なスタートを切り、順調に伸びていくことになった。

日本で唯一の数学の学部に学生は来るのか？

そして２０１３年、21世紀に入って３つ目にできた明治大学の新しい学部が、総合数理学部である。「数学で社会を考える」がテーマ。数理分野の強化という、明治大学の新しい挑戦がまた話題になった新学部創設でもあった。

しかし、「数学」を前面に打ち出す、国内ではほかに例のない学部。構想段階では、学生が集まるのか、不安視する声も上がっていたという。ただ、理系分野で明治が先駆けられるとすればここだ、という判断があった。

結果的に、初年度の受験者は２６０人の枠に４０００人が押し寄せる。辞退者も少なく、実際の入学者数は定員の約１・７倍に達した。理工学部との食い合いは起きず、新しい受験者層を開拓できたという。

総合数理学部は、２００８年に国が世界水準の教育研究を推進するために認めたグローバルＣＯＥプログラムとして、文部科学省の研究拠点として生田キャンパスにつくられた先端数理科学インスティテュートが母体になっている。

「所長の三村昌泰教授は広島大学で研究を進め、さらに展開するために明治大学で、ということになったんですが、応用数学の先端的な研究者が続々と集まってきたんですね。折り紙の研究で知られる先端数理科学インスティテュートの萩原一郎教授も、その1人です。ほかにも錯覚の研究者、脳と数学の研究者など、いままで数学的な分野としては異端であったものを中心に置いてやっていこうという異端の学部になったんです」

先に大学院の研究科が生まれていた。千田副学長が語る。

「先に研究の拠点ができて、先端数理科学研究科ができて、最後に学部ができたんです。したがって、最初から研究力という意味ではとても優れた人たちが集まっている学部なんです」

ここでも、若手教員たちの熱意が学部開設を後押ししたという。土屋学長は言う。

「研究者を中心に、派生する形で学部を創って、関心ある高校生をとりながら、日本の数理研究の拠点をつくっていこうという形になったわけです。数理の学部は、まさに日本の大学としては初めてでしたから、そうした先進的なフィールドを開いていくという意味では、明治大学にふさわしい、私学にとてもふさわしいものであったと思います」

グローバルCOEプログラムは、多くの成果がいろんな大学で出ているが、学部を創ったのは、おそらく明治だけではないかという。

「先端数理科学インスティテュートのときには、かなり海外との連携が多く、国際的な研究機関でもあります。学部ができたことによって、さらに広がりが出ていくと思います。例えば、ＩＴ分野、ＡＩ分野、あるいは映像などの新しい分野に向けても、応用数学の分野は広がっていくでしょう。僕が見ていても、とても魅力的な学部だと思いますね」

初年度の入学者には、すでに卒業、就職した学生もいる。学生が来てくれるか心配だった、という一方で、学生の出口として就職があるか、も心配していたのだという。土屋学長は続ける。

「新学部はこの2つがまずは問題になりますが、僕が一番心配していたのは、就職だったんです。入り口はそんなに心配していなかった。出口を心配していたんですが、幸い就職はとてもよかった。かなり大手の会社にも入ったようです。就職キャリアセンターも心配していたと思いますが、これで成功した新学部になったと思っています」

総合数理学部に関しては、学内でも反対は起きなかった。連合教授会でも問題なし。ただ、理工学部の数学科は、そのまま残っている。２つの棲み分けができている、ということである。

国際日本学部、総合数理学部は、２０１３年にできた新しい中野キャンパスに入っている。

見学者も続々。ガラス張りのキャンパス

中野キャンパスの開設は、これまた大きな話題になった。リバティタワーとも、和泉キャンパスとも異なる、個性的な明治大学第４のキャンパスになったからだ。

ＪＲ中野駅から歩いて８分ほど。再開発が進むビル群を突き進んでいくと、大きな建物がその姿を現す。ワンフロア約１２００平米で地上14階。約３０００人が学ぶ。都心から近距離だが、閑静な住宅街と隣接した立地になっている。ここもまた明治大学の特色の１つ「都心型大学」が貫かれたキャンパスだ。

国際日本学部、総合数理学部の１〜４年生の学部生のほか、国際日本学研究科、先

端数理科学研究科、理工学研究科の建築・都市学専攻（国際建築都市デザイン系・総合芸術系）の大学院生が学んでいる。

明治大学初となる文理融合キャンパスということもあるのかもしれないが、造りが極めてシックな印象だ。高級ホテルのような趣である。教室の入るフロアは、驚くほど通路が広い。キャンパス内には、各所に学生が利用できるラウンジが設けられているが、ホテルのラウンジのようだった。中野キャンパス事務室の矢崎俊彦氏が言う。

「大きな特徴としてあるのは、キャンパス内のあらゆる壁や仕切りが、教室も含め、ガラス張りであることです。開放感をイメージしていますが、教室もガラス張りになっていますので、共用部からも見えるようになっています」

こうした造りは、最近では他大学などからも参考にしたいということで、見学の希望も少なくないという。

「もう1つの特徴が、地域連携というキーワードです。1階は、自由に通り抜けができるようになっていて、普段から通勤の方などが通っていかれます」

もとよりリバティタワーと同様、ここも大学の塀がない。キャンパスの隣は中野セントラルパークで、公園と一体化して、より開放的なキャンパスの印象をつくっている。

ただ、一般の人が自由に入れる開放された場所は1階だけ。ＩＣ入りの学生証などがなければ、研究室の中には入ることはできない。セキュリティには気が配られている。しかも、ガラス張りの「見える環境」だ。「見えない環境」よりも「見える」環境のほうが、危険なことは起きにくい、という考え方になっている。

こうしたオープンなキャンパスの実現には、海外経験が長い教員による意見も大きかったという。そこから、ほかのキャンパスには見られない光景を生み出すに至った。

館内は極めて静かだが、矢崎氏はこう語る。

「ガラス張りですから、内側からも外側からも見られている、という意識が働くんだと思うんですね。だから、静かにしなければいけないという意識を強く持っている学生が多いのだと思います」

ちなみに矢崎氏のいる3階の事務室もガラス張りだ。外から見えてしまうので、事務室のスタッフも周囲から常に見られているという意識を持っているという。

研究スペースも壁で閉ざしたりはされていない。さすがに丸見えなのは抵抗があるのか、ポスターを貼ったりしている研究室もあったが、研究室内からラウンジの様子も見えるので、いつでもすぐにラウンジに出て談話したりすることが可能になっている。

開放感をイメージしている中野キャンパスは、あらゆる壁や仕切りがガラス張りになっている。通路も驚くほど広い。

中野キャンパスの留学生約350人のうち、300人は国際日本学部の学生だ。彼らとの交流の場としても機能しているのが、ラーニング・ラウンジ。英語化された日本の英語の教材、日本語が英訳されたマンガなども揃っている。

3階から5階までは教室だが、これも授業の一環なのか、室内を真っ暗にしてアニメーションを見ている部屋があった。7階から14階までが研究室フロアになっており、ほとんどのフロアにラウンジがつくられている。

6階にはクロスフィールドラウンジと呼ばれる最大のラウンジがあるほか、西側には屋上庭園が広がっており、テラスに出ることもできる。晴れた日には、富

キャンパス内には、ほとんどのフロアに学生が利用できるラウンジが設けられている。6階には最大のラウンジがあるほか、屋上庭園もある。

土山も見えるという。

印象に残ったのは、ユニークな教室だ。出版社に就職しても違和感なく仕事ができる、ということを意識したというが、教室の60台のパソコンすべてが、アドビのソフトウェア「クリエイティブ・クラウド」が入っている大型のＭａｃがある部屋があった。

もう1つが、一般教室の半数近くに、黒板とホワイトボードの両方があったこと。

「文系と理系の両方が入っている、ということが大きいですね。理系の先生は、数式を書く場合、どうしても黒板じゃないと、というケースが多いんです。逆に、文系の先生は手が汚れるからとチョークは使われない。特にネイティブの先生ですね。ということで、黒板とホワイトボードが両方あるんです」

１人あたり最大３００万円の留学助成金

明治大学が矢継ぎ早に行ってきた変革は、入試改革や新学部の創設だけではなかった。ほかにも、さまざまな取り組みが推し進められてきた。

１つは、国際化への取り組みだ。経済がグローバル化する中で、学生の海外や留学への関心は高い。実際、語学習得のニーズは高く留学希望者も多い。

転機になったのは、２００９年、文部科学省の国際化拠点整備事業「グローバル30」に採択された13校のうちの１校に選ばれたこと。選定されたのは、東京大学など国立７大学、明治、早稲田、慶應義塾など私立６大学だった。

これらの大学は「英語による授業等の実施体制の構築」「留学生受け入れに関する体制の整備」「戦略的な国際連携の推進」に取り組むことになった。

現在、明治大学では５つの学位を英語授業で取得できる。英語で実施する授業は全学で約６００科目に達する。これには、日本人学生が英語を使いこなせる環境を整えるだけでなく、途上国や新興国からの留学生受け入れも強く意識している。留学生はすでに約１８００名に達している。明治大学のグローバル化は、すでに国内の大学ではトップクラスになっているのだ。

そしてグローバル化の進展で学生の興味が高まっているのが、海外留学。明治大学では、留学制度の充実にも力を入れてきた。「海外留学の手引き」と銘打った冊子を毎年制作、学生に配布している。70ページほどの冊子だ。また、これとは別に各学部で、留学促進プログラムの冊子などを制作。学部独自での短期留学の制度もある。

明治大学は２０１４年に選定された文部科学省の「スーパーグローバル大学創成支援」事業の構想で、２０２３年度には単位取得を伴う海外留学経験者数を毎年４０００人にし、毎年の卒業生８０００人を「未来開拓力に優れた人材」として育てることを目標として、海外留学を促進する取り組みを推進している。広報課の丸山氏は語る。

「大学としても、留学は推奨しています。明治大学と協定を結んだ大学などへの留学で、学内選考に合格し、派遣留学生として留学する『協定留学』と、自分で留学先の大学を選んで出願し、所属学部・研究科の承認を受けて留学する『認定留学』があります。いずれも、留学先で取得した単位は明治大学の単位に認定されます」

協定校は、38カ国・地域の227大学にのぼる。すべての学部で選抜が行われるが、語学力があるか、留学先の授業についていけるかなど、シビアに見られるという。

「協定留学の交換型は、明治大学に学費を払っていただいていれば、留学先での授業料は不要です」

実は、海外の大学のほうが学費が高いことが多い。明治大学の学費だけを払っていれば、留学先の学費が必要ない、というのは大きい。

一方、認定留学は、協定校以外の大学に行きたい場合に使える。留学予定の大学から受け入れ許可証が必要で、基本的に学部の単位に振り替えられるが、留学先の学費と明治大学の学費の両方を負担しなければならない。

ただ、留学となると、学費以外にも費用はかさむ。そこで2017年に明治大学がスタートさせたのが、「明治大学学生海外トップユニバーシティ留学奨励助成金」だ。

優秀な学生の海外トップユニバーシティへの留学を促進するため、「明治大学海外トップユニバーシティ留学プログラム」をつくり、助成金制度を新設した。

これはスタンフォード大学やペンシルベニア大学など、世界トップクラスの明治大学の協定校に進むため、1年次からカウンセリングを受けたり、英語集中プログラムを受けたりして英語力や異文化コミュニケーション力を向上させ、３年次に世界のトップユニバーシティへの留学実現を目指すプログラム。

このプログラムで留学が決まった学生に向けてできたのが、明治大学学生海外トップユニバーシティ留学奨励助成金制度である。

「1学期間1人あたり最大３００万円の助成金が出ます」

留学制度は、どんどん進化していっているという。

アメリカのディズニー・ワールドに留学!?

明治大学の留学制度といえば、高校生たちが垂涎の表情を浮かべるものがある。アメリカのディズニー留学だ。これは、国際日本学部が学部間協定留学として行っている「フロリダ州立大学ウォルト・ディズニー・ワールド提携アカデミック・インターンシップ」である。

フロリダ州立大学に留学し、アメリカのディズニー・ワールドでインターンシップをすることができるというプログラム。丸山氏は言う。

「これは国際日本学部の限定です。国際日本学部を受験したい、という高校生の中には、この留学プログラムに憧れている人が多いですね。ただ、40人程度の枠ですので、かなり競争は厳しいです。このプログラムを目指して英語を頑張った、という学生も少なくないようです」

この留学制度がスタートしたのは、国際日本学部ができた翌年、2009年からだ。この制度づくりのきっかけをつくった国際日本学部の小林明准教授は言う。

「ディズニーは、アメリカ全土の多くの大学から毎年5000人以上の学生をインターンシップで受け入れています。ACE（アメリカン・カウンシル・オン・エデュケーション）が大学として単位認定してもいいですよ、ということを推奨して社会的に認証されていますので、単位化できるようになっています」

このACEのメンバーに入っているフロリダ州立大学がディズニーと契約しており、明治大学はそのフロリダ州立大学と提携したのだ。

「最初の10日間ほどフロリダ州立大学に行って異文化適応、異文化コミュニケーションなどの集中教育が行われます。それからすぐにオーランドのディズニー・ワールドに行きます。それぞれの職場のオリエンテーションが短いところで2週間、長いところで1カ月。訓練を終えて、4カ月ほどフルキャストとして働きます」

アメリカから5000人ほどのインターンがいるが、これに加えて2500人から3000人が留学生として加わるのだという。

「学生たちは、ディズニー・ワールドに隣接しているゲーテッド・ハウジングと呼ばれる24時間セキュリティつきのアパート群の中に分宿します。世界中からやって来た学生と、一緒に生活し、仕事をすることになります」

仕事をするだけではない。大学で学ぶ10日間で3単位分の正規の授業を受け、それ以外は月に1回フロリダ州立大学の先生が出張講義をしてくれる。

「ドライブで5時間かけて来てくれるんです。そこで2、3時間の授業をやります。あと、レポートを毎月最低1つ以上課されますので、学生はそれをやらなければいけません」

インターンとはいえ、給与も支払われる。最低時給は10ドル。週に30時間がギャランティされ、本人が希望すれば、60時間、70時間働く学生もいるという。

「ハロウィンやサンクスギビング、クリスマス、ニューイヤーは忙しいですから、本人が希望し、健康状態が許せば、マネージャーと相談できます」

ただ、ディズニー・ワールド内では、あくまで1人の働く戦力。他文化の設定の中で働くという学びもあるが、老若男女いろいろな来場者がいる中で、実際に仕事をしなければならない。

「職種が10種類ほどあります。英語力や人間力が最も要求されるのは、ホテルのコンシェルジュでしょう。あとはホテルのフロント。ほかにも、ディズニーショップの販売員やレストランのウエイター、フードの販売など多岐に及びます。世界で最も有名といっていいエンターテインメント施設ですから、お客さんをとにかく大切にします。しっかりした接客が求められるんです」

それだけに、選考は甘くない。定員40名程度の枠に応募してくる学生は100人ほど。学部内選考で約40人まで絞られるが、全員が行けるとは限らない。学部内選考後にディズニー・ワールドのリクルーターによって、面接が行われるのだ。

「これが、なかなか厳しいんです。彼らは実際に、配属して使わないといけないわけですから。英語がそれなりにできる、と判断されると、精神的にどこまで耐えられるか、という質問も来るようですね。泣き出す学生もいます」

ここで残念ながらリクルーターにノーと判断される学生も出てくる。それでも、ほとんどの学生が、夢の国でのインターンシップを手にすることになる。

国際日本学部では、2015年度からハワイでのプログラムもスタートさせている。ヒルトン・ワイキキ、アウトリガーリゾーツ、さらには日本航空（カウンターおよび空港業務）、JTBの4社と提携し、4カ月ほどのインターンシップを行う。こちらは報酬の出ない行き先もあるという。定員は約20名。

「また、来年スタートするのは、バリ島です。デンパサールにあるインドネシアの国立ウダヤナ大学と協定を結びました。3カ月大学で勉強して、3カ月インターンシップをする。一流ホテルで、です。こちらも定員は20名を考えています」

ディズニー・ワールドにハワイにバリ島でのインターン留学。明治大学は、いまや、こんなことをやってくれる大学なのだ。

ディズニー留学で彼女が学んだこと

国際日本学部のプログラムで面接を受け、ディズニー・ワールドでインターンシップを果たした学生に話を聞いた。国際日本学部4年生の佐藤美咲さん（仮名）だ。

「リクルーターの面接は厳しかったです。ただ、向こうでトラブルがあったりしても、お客さんに対して嫌な顔をせずに最後まで接客できるか、ということがキャストとしては大事ですから、それを試されるのは仕方がないと思います」

実際に働く厳しさも、事前の説明会や先輩談を聞いて知っていたという。それでもディズニーでのインターンを希望したのだ。そもそも英語を学びたい、ということが国際日本学部を志望した理由だったという。留学については、入学前にパンフレットで知った。

「私は一度も海外に行ったこともなく、リスニングとスピーキングに不安がありました。でも少人数の英語クラスで徹底的に鍛えられました。きつかったですけど」

国際日本学部では、入学すると週12時間の英語の授業が待っている。ネイティブによる完全な英語漬けの授業だ。加えて、佐藤さんは、この学部ならではの仕組みも活用した。

「ここに通っている留学生と日本の学生をマッチングさせて、お互いの言語を教え合うカンバセーション・パートナーというシステムがあるんです。私も留学生とペアを組んで、なんとか駆け足でフォローアップしました」

こうして1年生の11月に学部内の英語の基準をクリア。翌年のリクルーター面接にこぎつけた。ちなみに家族もこの留学には賛成してくれたという。

「お金を稼ぎながら、というところが、このプログラムの大きな魅力です。私は奨学金を借りながら大学に行っていましたから、それなら大賛成だ、と。留学だけだと300万円はかかりますので、お金の面でも両親はよかったと言ってくれました」

選考にパスすると、2年生の夏に出発。6カ月のアメリカ生活を送った。パーク内でスナックを売る係と、ホテルのレストランでウエイトレスをする係、2つを経験したという。週7日のうち5日、仕事に出る。

「働いている人には、園内のフリーパスがもらえます。仕事が終われば、ほかのディズニーパークにすぐに遊びに行けるので、これがまた楽しみでしたね」

人種もさまざま、世界中からお客が押し寄せるのが、ディズニー・ワールド。インターンも世界中から来ていたという。

「アジアでは、中国、韓国の学生が多かったですね。日本人よりもずっと英語をしゃべれますし、差を感じました。日本人はそもそも少なくて、とても珍しがられました」

接客の仕事は大変さもあったが、その分、得られたものは大きかったという。

「積極性という部分が大きく変わったと思います。黙っていると相手には何も伝わらない、というのが海外なんです。私はこう思う、こうしたい、と主張し、時には議論して方向修正していく。そういうことの大切さを強く実感しました」

このインターン留学は、そのまま単位に認定された。

就職活動の際、面接では必ず留学の話を聞かれたという。就職先には、それほど知名度は高くない外資系企業を選んだ。

「みんなが思ういい会社、規模の大小、あるいは他人の期待に応えることがいいのかというと、必ずしもそうではないと思うようになりました。海外に関する勉強をして変わったのは、自分でリスクを取る、最後まで責任を持つ、自分以外に誰にも迷惑をかけないのであれば何をしてもいい、ということ。会社選びの軸も変わりましたね」

佐藤さんは、いまこそ留学にぜひ行くべきだ、と語る。

「2020年の東京オリンピックが迫っています。おもてなしという言葉が騒がれていますが、日本人として海外の人を迎え入れなければならないわけですよね。海外からは、とても大きな期待をされています。そこにきちんと応える準備ができているかどうか。精神論的にも勉強としても働くということにおいても、日本人としてのおもてなしを、日本人としてできる準備ができているか」

海外留学、もっといえば、ディズニーのインターンシップや国際日本学部のプログラム、授業は、その大切さを教えてくれると語る。

「それが大きな魅力です。いまなら、オリンピックにも間に合います。日本に対する興味関心をひしひしと感じながら、アメリカのおもてなしというものを吸収して日本に帰ってきてくれたら、若い人も日本の大きな力になると思うんです」

このコメントだけでも、留学プログラムが彼女に何をもたらしたのかが、よくわかる。

1000人規模の給費奨学金

変革の取り組みは、ほかにもある。例えば、奨学金制度の充実。いまや大学に進学する学生の約半数が、何らかの奨学金制度を使っているといわれている。奨学金制度の充実は、大きな意味を持つ。とりわけ、お金のかかる地方都市から上京する学生にとっては、注目度は高い。広報の丸山氏は語る。

「約4割の学生が、奨学金制度を活用しています。関東以外では約半分にのぼります」

奨学金制度はそれなりに複雑だ。明治大学では、奨学金についても詳しく記した冊子「奨学金情報誌ASSIST」を毎年、制作して学生に配布している。A4判で100ページになるボリュームの冊子だ。

また、春の定期募集願書受付に合わせて、「奨学金ガイダンス」「予約奨学生ガイダンス」も行っている。

かつて奨学金は一時的に借りて、社会人になったら返済していく貸費型が主流だったが、返済義務のない給費型へ切り替えている。大学が独自に学内奨学金を設けるケースも増えているが、明治大学もその充実に取り組んできた。

「給費型にしていこうという流れは、3年ほど前からです。貸費型には貸費型のよさもあると思いますが、それをなくして、給費型の奨学金を充実させていきました」

もともと成績優秀者には全額の給費型奨学金が用意されていたが、極めて狭き門だった。それ以外には、経済支援型の明治大学給費奨学金がある。

文系は年額20万円、理系は30万円、首都圏外からの学生にはこれに加えて10万円が上乗せされる（給費には条件がある）。そして驚くのが、そのスケールだ。

「募集が約1400人なんです。1000人を超える規模での給費奨学金というのは、他大学ではなかなか見られないのではないかと思います。しかもこれは入学試験の成績ではなく、経済的な支援が必要だったり、入学してから頑張った人に与えられます。大学に入ってからの奨学金が充実しているんです」

OB・OGや企業の寄付で運営する「未来サポーター給費奨学生」制度のようなユニークな奨学金もある。

もちろん学業面でも、変革は進んだ。例えば、授業の改革だ。大教室でただ教授が一方的に教える講義から、少人数の講義、ディスカッション型の授業へ。割合は出ていないそうだが、少人数の講義は増えている。新入生へのインタビューでも「思ったよりも少人数の講義が多かった」という声が上がっていた。

また、「ファカルティ・ディベロップメント」と呼ばれる教員としての力量を高めるための学生による授業評価のシステムを導入。最近では、討論や発表が中心の「アクティブラーニング」にふさわしい授業空間づくりが進められているという。

1コマの授業を90分から100分にする「100分授業化」も、2017年4月にいち早く取り入れた。授業時間を長くすることで、1つの科目の授業数を減らし、学生に不評な「休日授業」をなくしたり、夏休みを長くして留学を後押ししたりするのが、狙いだ。教員の反対で実現できない、という大学も少なくないというが、明治大学はいち早く導入にこぎつけた。

学生へのインタビューで、「どうして明治大学を選んだのか」という問いかけに、何人かの学生が「母親に勧められた」「母が明治推しだった」と語っていたが、もしかすると、こんな取り組みも影響していたのかもしれない。社会人向けの教育だ。

リバティタワーができた後、開かれた大学を標榜していたのが、明治大学。「リバティアカデミー」と呼ばれる社会人向けのさまざまな講座をつくり、好評を博すことになった。中には、明治大学の教員が受け持っている講座もあり、子どもを大学に通わせている両親や祖父母などに人気になっていたという。

近年では、「女性のためのスマートキャリアプログラム」が、女性の間で話題になっている。社会に出た後、家庭に入って専業主婦になった女性などに、学び直してもらって、もう一度、社会復帰をするのを応援する、というプログラムだ。

「仕事復帰・キャリアアップ昼間コース」「女性キャリアアップ・リーダー育成夜間・土曜主コース」があり、女性に高い支持を得ているという。

現役の明治大学、大学院の教授のほか、国際キャリアコンサルタント、フリーアナウンサーなど、さまざまなキャリアの講師・コーディネーター陣が並んでいる。

これは後に語るが、実は女性の教育に関しては、明治は特別な存在、なのである。

新入生を「ぼっち」にさせない取り組み

ここでいまどきの学生生活について、少し触れておきたいと思う。インターネットやスマートフォンの登場で、昔とは様変わりしている。リバティタワーを一早くＩＴ化するなど、取り組みを積極的に進めたのも、明治大学だった。広報の丸山氏は言う。

「学生が使うポータルサイトの『Oh-o! Meiji』というシステムがありまして、大学が発信するさまざまな情報を受けることができるほか、自分の学生番号とパスワードを使って、いろんな情報の管理ができるようになっています」

時間割の管理はもちろん、履修届の提出、レポート提出なども、このサイトから行うことができる。シラバスが検索できるほか、履修している先生からの配布物、授業の資料のダウンロードなども可能だ。

「履修者同士でディスカッションもできたりします。テーマを決めて、掲示板形式で書き込んだりもできます」

もう10年ほど前から、学生には当たり前になっているそうだが、便利になったなりの大変さもあるらしい。

例えば、学生本人が事前に休講のメール転送登録をしておくと、教員が急病になって講義が休講になる、という場合には休講情報が流される。昔のように、学校に行って掲示を見なければ休講情報がわからない、なんてことはない。

「ただ、休講以外のメール転送登録をたくさんしていると、いろんな情報がたくさん届いてしまうんです。その取捨選別に学生がちょっと辟易しているようです。休講情報など、しっかり見ているものは見ているようですが（笑）」

こんなこともあった。アメリカのケネディ駐日大使（当時）に、明治大学で講演してもらうことになった。しかし、セキュリティの関係で大使館が前日の夜まで情報を公開できないという。結局、前日の夜に流さざるを得なかった。

「『Oh-o! Meiji』に情報を流したんですが、約５００人収容のリバティホールがあっという間に満杯になったんです」

なるほどいまどきのこんな取り組みも、と思える話も聞いた。例えば、「M-Navi」プログラムだ。元広報で、いまは大学支援事務室に勤務する野見山智道氏が語る。

「これは『社会人基礎力を養うため』の取り組みですが、地方出身の学生だと、出てきたばかりで友達がいない、というケースは少なくありません。いわゆる『ぼっち』の子たちを増やさずに、学生生活に早くなじんでもらうという側面もあるんです」

推し進めているのは、学生支援事務室。

「例えば、東京六大学の野球の応援に行くと、ああ明大生になったんだ、という実感も湧きますが、１人で行っても寂しい。そこで、大学がツアーを組むんです。オリジナルのマフラータオルを配って、一緒に応援する。みんなでやれば楽しいですし、友達もできる」

神宮の野球観戦ツアーのみならず、神田のお祭りへの参加、里山農業体験など、いろんなイベントが組まれ、「M-Navi」プログラムで発信されていくという。

「大学に入って、友達ができないんじゃないか、という心配はみんな持っています。そんな学生に参加してもらって、たくさん触れあってもらったら、と考えています」

もともと文部科学省の補助金プログラムでスタートしたという。期限は切れたため、いまは自前の経費で行われている。

これもいまどきといえるかもしれない。学生によるビジネスプランコンテストへの参加だ。前出の情報コミュニケーション学部、牛尾教授のゼミ生が出場した。

「2015年までは日本経済研究センターと日本経済新聞社共催のビジネスプランコンテストに出場していました。2016年は関西大学ビジネスプラン・コンペティション・KUBICに出場しました」

経営学専攻の牛尾ゼミでは、ビジネスコンテストへの出場が、ゼミの魅力の1つになっている。今回出場したのは、全国の大学から、500件以上のプランが集まる大規模なコンテスト。ゼミ生たちは、数グループに分かれてプランニングを推し進め、エントリー。そのうちの1チームが、なんと優勝したのだという。

「大変な応募数でしたが、当たって砕けろでやってみよう、と声をかけまして。前年までのロジカルなスライド制作やプレゼンテーション経験も生きたと思います」

決勝は大阪で行われたが、選に漏れたゼミ生も、決勝に残ったチームを応援するために、大阪入りしたという。

「高速バスあり、自家用車あり、ヒッチハイクあり（笑）。民泊して、これもまた盛り上がっていましたね」

本番は全員で応援した。

「業界がどんな状況にあって、どう変わっていかないといけないか。それを調べる中で、いろんな問題に気づいていくことができる。将来、会社に勤める学生が大半ですから、自分自身の問題につながるし、キャリアにもつながっていくと考えています」

1日5000人の学生が集まる図書館

こうした一連の取り組みのベースにあるのが、「学生目線」だ。土屋学長がインタビューで語っていた「すべては学生のため」を貫いてきたのである。だからこそ、一連の変革は可能になったのだともいえる。

その象徴ともいえる存在が、和泉キャンパスにある。2007年度の終わりに計画され、2012年に開館し、全国の大学関係者からの見学が絶えない「和泉図書館」だ。徹底的な学生目線に立つことによって、大学図書館としての「あり方」を大きく変えてしまった。

実際、いまの大学図書館はこんなにすごいのか、と驚かされてしまった。4階建て、約8800平米の図書館は、日本図書館協会建築賞、東京建築賞など、たくさんの賞を受賞している。

約1万人が学生生活を過ごす和泉キャンパスだが、入館者数は実に1日5000人ほどになるという。試験期ともなれば、7000人を超えることもあるのだそうだ。図書館では、ノートPCを無料で借りることができる。

実際、図書館の入り口に立っていると、学生がひっきりなしに入っていく。恥ずかしながら私など、大学時代に大学の図書館にほとんど行ったことがなかった。ところが、当たり前のように学生が図書館に入っていくのだ。明治大学の職員で学術・社会

日本図書館協会建築賞、東京建築賞などを受賞している和泉図書館には、学生がひっきりなしに入ってくる。

連携部和泉図書館事務長の折戸晶子氏は言う。

「本を借りに来たり、資料を調べに来たりするために図書館を利用している学生はもちろん多いですが、そもそも居場所になっているんです。キャンパスの中に、居場所になる、いい場所がなかった。そこで、図書館を学生の居場所にしたかったんです」

キャンパスに入って右手に図書館はあるが、全国から見学者が来る、というほどに外観にインパクトがあるわけではない。しかし、これもあえて狙ったことだったのだという。

「カッコ良すぎてもダメ、貧弱でもダメ。

高校から明治大学に入ってきたばかりの学生の目線に合った建物にしたかったんです」

だからこそ、ひとつ、図書館の建て替えにあたって特徴的なことがあった。〝普通の図書館〟をつくる気はさらさらなかった。大学側の意向をよくわかってつくってくれる業者を選定したのだ。

「誰が利用者なのか、という利用者に合わせた建物づくりにこだわりました。それは学生です。では、明治大学の学生を一番よく知っているのは誰か。職員である私たちなんです。そこで、私たちが感じていることと、設計会社の素敵なデザインをバランスよく融合しながら、つくっていったんです」

２００８年に建設委員会がつくられ、14カ月の設計期間と18カ月の工事期間を経て完成した新しい図書館は、以前とはまったく違ったものになった。

「老朽化など、いろいろな理由はありますが、端的にいえば、いまの学習環境にそぐわなかったんです。昔の図書館は、いわゆる平たい机があって、椅子があって、本が並んでいるだけ、でした」

明治大学の職員がつくりたかったのは、もっと学生が主体的に学べるような、学生たちがワクワクするような、そんな学習空間だった。

「そうでないと、明治大学の学生は勉強しないんじゃないか、と。でもいまは本当に学生さんがよく来てくれます。明治の学生は、よく勉強しますよ」

いまの大学図書館はこんなにすごいのか！

工夫は随所に散りばめられている。エントランスをガラス張りにすることで、明るく、入りやすい建物になっている。入り口の上は吹き抜けになっていて、空間の広がりが感じられる。全体の見晴らしがよく、奥まで見通せるのも、学生には入りやすさにつながる。

ＩＣの入った学生証でゲートを通ると、まず右手にあるのが、カウンター。

「入ってすぐにカウンターがあって、人がいると安心できますよね」

カウンターの裏手に事務室があるが、壁で仕切られずにガラスになっている。中からも、学生の様子が見られるように、という考え方からだ。

「カウンターでの対応で、もし人数が足りなければ、すぐに応援に入ります」

入ってすぐ、見上げて吹き抜けスペースの上に見えるのは、やはりガラスの向こうにいる大勢の学生たちがカラフルなインテリアに囲まれて会話している姿だ。

吹き抜けスペースの上には、カラフルなインテリアに囲まれた、学生たちのコミュニケーション空間が広がっている。

「いまの学生には、1人で静かに勉強できる空間と、学生がコミュニケーションしたり、ディスカッションしたりする空間。2つの要素が必要なんです。だからこの図書館は、入り口から離れるほど静かな空間になるようつくられています。1階もエントランスは賑やかですが、奥に行くにつれて緩やかに音が静かになっていくよう設計されています。ゾーニングを強く意識しているということです」

実際、1階は奥に行くほど静かだ。そして2階、3階、4階と階を重ねるごとに、さらに静かなフロアになっていく。音が広がりそうな場所は、すべて二重ドアになっている。特に、「静かに」といった貼り紙が貼られているわけではない。勝手に静かになっているのだ。思わず、だんだん静かにしてしまうようなつくりになっているのである。

そして入り口に近いコミュニケーションやディスカッションのゾーンでは、学生たちが賑やかに談笑したりしている。プロジェクターが完備された会議室のようなスペースが用意されており、予約すると学生たちはミーティングやディスカッションの場として使える。

ちょうど、4人の2年生が部屋でミーティングをしていたので声をかけてみたら、情報コミュニケーション学部の次の授業でチームによるプレゼンテーションがあるのだという。そのための準備を、チームで行っていたのだ。

パワーポイントを映し出せたり、より本番に近い感じで使えるので、活用しているという。授業の合間には、1人で勉強に来ることもあるそうだ。

3、4階はじっくり勉強するスペース。直射日光ができるだけ入らないよう、ルーバーで日光を拡散させ、ほのかな日光が入るようになっている。

居心地のいい空間をつくるためのライトの使い方にもこだわった。蛍光灯が使われているのは、書架の天板の上のライトとリーディングの下向きのライトだけ。天板の上のアッパーライトで上を照らし、それが跳ね返ってきて空間全体をほんのり明るくしている。

インテリアも、ポップな家具が置かれた1、2階から階を上がるごとにだんだんシックなものに変わっていく。中には、オリジナル設計のデスクもあるという。

1人用の閲覧席にはきちんとパーテーションが設けられている。

「実は上層階に行くほど、インテリアは四角くなっているんです。もしかすると、四角い形は、なんとなくここは静かなところだよ、と視覚でメッセージできているのかもしれません」

2階から4階にかけての突き当たりには、積層集密書庫がある。ガラス張りにして、中の本が見えるようになっている。

「昔の図書館では、この書庫は地下にあったんです。学生さんはなかなか地下に本があることは気づかないんですね。見学ツアーに連れて行ったりすると、こんなにたくさん本があるのか、と驚かれていて。そんな話を設計者にすると、じゃあこれはガラス張りにしたら、というアイディアが出てきたんです」

ユニークなのは、図書館内がアシンメトリーになっていることだ。左右対称ではないのである。各フロアの書庫も、建物正面から見ると斜めに配置されている。だから、歩くと背表紙が目に入ってきて、本を探しやすい。これは、建物の形が偶然、そうさせたのだという。

2階の奥には、戦前の文芸書の初版本など、貴重な本が保管されていた。学生も見ることができるという。

現在の蔵書は35万冊。60万冊までは収容できるようになっている。

館内はメールはOKだが、通話は禁止。なので、通話をするときのためのボックスがつくられていた。電卓を使って勉強をする学生用の部屋も別に用意されていた。

コミュニケーションができるスペースを除いては、館内はとても静かで快適だった。本を読むためのものだろう。ゆったり座れる椅子も、いろいろな形のものが置かれていたが、ぐっす

地下から2～4階に移した書庫は、学生に集積している本が見えるように、ガラス張りになっている。

り眠り込んでいる学生もいた。光の加減といい、空調といい、静けさといい、ちょっと昼寝して休憩するのも、最適な場所になるのだ。

もちろん勉強する場として、友達とコミュニケーションしたり、グループで討議したりするには、とてもいい環境だ。学生がひっきりなしに訪れるのも、合点がいく。開館は午前8時30分。閉館は夜10時。都市型大学だけに、この時間帯まで開館しているのだという。ちなみに、受験生の見学でも、この図書館はとても注目度が高いのだそうだ。

和泉図書館ができて、実は多くの大学が図書館のリニューアルプロジェクトに乗り出した。これは図書館に限らずだが、明治大学はとにかくいろいろな大学にベンチマークされている。これぞ、というものはパクられるのだ。しかし、意に介している様子はない。もとより、積極的に情報を公開している。図書館も、もっといいものをどんどんつくっていってほしい、という。

「大事なことは、誰のための図書館なのか、ということなんです。もし、駿河台に図書館をつくるなら、こうはならなかったと思います。3、4年生が過ごすキャンパスですから。ここは、文系の1、2年生が過ごす和泉キャンパスだから、こうなったんですね。その意味では、真似ることに意味はないんです。そういう話もよくします」

とにかく利用者目線に立つ。和泉キャンパスの学生目線に立つ。こうして、驚きの図書館は、できあがったのである。

事実を伝えることで、新しい刺激が生まれる

もう1つ、明治大学の新しい取り組みとして世の中を驚かせ、大学の広報の世界に大きなインパクトをもたらすことになったものがある。２０１０年に発刊された『MEIJI UNIVERSITY by AERA』だ。

朝日新聞出版の週刊誌『ＡＥＲＡ』と明治大学がコラボレーション。ＡＥＲＡの視点で明治大学を切り取り、オールカラー１３０ページの豪華版ムックとして市販したのだ。これが、大ヒットすることになったのである。

実はこのムックを企画したのが、当時、教務理事をしていた土屋学長だった。大学広報を変えなければいけない、と強く感じていたのだという。

「それは強く意識しましたね。だから、広報には過剰に介入しました。介入し過ぎたかもしれないほど、介入した。全然、物足りなかったから」

背景にあったのは、自身が能のプロデューサーだったことである。

「能なんていうものは、客を集められないものなんですよ。そもそも能の客がいないんだから。年寄りばっかりですよ。でも、あるとき気づいたんですけどね。ああ、年寄りは無限に供給されてくるな、と（笑）。だから、あるとき腹をくくったんですが、それでもどうやって能の観客を集めるか、本当に真剣に考えていたんです」

もちろん新聞社などとの連携もした。しかし、限界があった。転機になったのは、建築家の伊東豊雄氏との出会いだった。

「まだ六本木プリンスホテルがあった頃、坂の途中に彼がNOMADというレストランをつくったんですよ。面白かったのは、壊すことを前提につくっていたことです。当時としては画期的な発想だった」

ここで能をやってみることを提案した。真夏の2日間公演。驚くことが起きた。わずか20分ほどでチケットがすべて売り切れてしまったのだ。

「もう30年くらい前ですからね。六本木のレストランで能をやるなんてことは、誰も考えていなかった。だから、話題になったんです。これで僕はわかったんです」

次は表参道にあった美術館で能を提案した。これも1時間でチケットが売り切れた。

「問題はどうパッケージするか、ということなんです。異質なものとパッケージする。

能なんて説明はいらないんですよ。これ、大学も同じです。明治大学は説明いらないんです。必要なのは、新しいパッケージだったんです。パッケージが重要なんですよ」

そんなときに、AERAの編集者を紹介された。何かやりましょう、という話になった。

「そのとき編集者は、AERAで特集記事でもやりませんか、というつもりだったんだと思います。でも、それは僕は嫌だった。だって、何の新しさもない」

ちょうどその頃、AERAがラグジュアリーブランドのグッチやルイヴィトンをムックに仕立てていた。

「これだ、と思ったわけですよ。これで明治大学をやるならやろう、と。相当に僕が口出しすることになるんだけど（笑）」

先に書いたように、これが爆発的なヒットになる。まるでラグジュアリーブランドとのコラボレーションかと思えるような高級な仕様。ロゴマークが浮き出た表紙。豪勢なつくりは、世の中を驚かせた。後にAERAは、次々にほかの大学でもこのムックシリーズを出していくことになる。

「もともとのアイディアは僕が出したんですけどね（笑）」

『MEIJI UNIVERSITY by AERA』が画期的だったのは、そのカッコ良さだ。多くのページは、明治大学卒の著名人、教授、スポーツ競技関連のインタビューになっているが、いわゆる大学広報っぽくないのだ。とにかくカッコイイのである。

「だって、僕らは例えばパルコの宣伝とかの時代を経験しているわけですよ。そこから行くと、大学広報って、戦前の企業広告みたいだった。だから、パルコ以後の商業広告と同じレベルまで大学広報を持っていこうとしたわけです。そうでないと、大学はいつまでたっても古いだけの存在になってしまう、と。パッケージが変わっていなかったんですよ」

後にそのために広報の組織も変えることになるが、それは後に書く。

「言っておきますけど、若い人間が手がけたわけじゃないんですよ。若いヤツに期待したんじゃない。若さが偉いかのような風潮があるけれど、とんでもない。若いヤツのほうがよっぽど保守的な場合もある。若いからといって、斬新なアイディアを持っているわけでもない。ある場合は、ジジイのほうが持っている（笑）」

このムックでとりわけ印象的なのは、巻頭に始まる、およそ大学広報らしくない写真だ。説明的な写真ではない。夜の校舎、ボロボロのスポーツシューズ、天井など、極めて前衛的なイメージ写真なのだ。

「アートディレクターに提案をもらったんだけど、最初はこういう写真はＯＫしないと思っていたらしい。でも、むしろこのほうがいいと言った。大学のイメージを、もっと違うものに切り替えないといけない。普通の大学ガイドみたいな写真はやめてくれ、と言ったんです」

結果的に、後にこれが新しい大学ガイドのパターンを打ち出すことになってしまうのではあるが。

「あるものによって全体を表すというのはメタファーだけど、大学広報にはこれがなかったんですよ。ダイレクトに映したところで、引きがない。あるもので違うものを表現するメタファーなしで、常に技術だけで表現しようとしていた。そうじゃなくて、イメージを入れてパッケージ化しないと。そうすると、それを通して学生生活が見えてくる。あるいは学生自身がこれを見たときに、自分自身の近接性、親密性を感じる」

だが、逆にいまはメタファーの時代になってしまった、と土屋学長は言う。だから、今度はファクトだけを出すことで、新しい刺激が生まれるようになっている、と。

「つまり、常にそういう全体のことを考えておかないと、広報はできないんですよ」

この広報の新しい発想については、後に詳しく書く。ムックの表紙には、明治カラーの紺地の上にキャッチコピーが大きく書かれている。このコピーもまた、土屋学長がつくったという。

「明治大学、わたしのプライド。」

学生はきっと大いに驚いたに違いない。明治大学は、こんなものをつくってしまうようになったのか、と。そして、異例の売れ行きは、ＯＢ・ＯＧの心もまた、強く捉えたからである。

MISSION

第4章

一流であると思ったとき、そこで進歩は止まる

大胆な変革を可能にしたガバナンス体制

１９９０年代のリバティタワーの建設以降、矢継ぎ早にさまざまな変革を行ってきた明治大学。気になるのは、創立１００年を超える伝統を持つ大学が、なぜこれほどまで大胆に変われたか、ということだ。ともすれば旧態依然になりかねないのが、組織。どこに、大きな変革の秘密があったのか。

１つのヒントは、明治大学のガバナンス体制にある。教育を担ういわゆる教学と、経営を担う法人が絶妙にバランスされているという。それぞれのリーダーは、学長、そして理事長である。そして２００５年、リーダーがより力を発揮できる体制をつくり上げている。土屋学長が語る。

「以前は総長という存在があって、三長制だったんです。付属高校などもありますから、それを総括する総長がいました。２００５年に、理事長、学長の二長制にして、付属高校などは法人側が統括する形にした。ガバナンス上は、よりすっきりしましたね」

明治大学における意思決定の仕組みは少し複雑だという。大学の実務に実際に携わっているのは、教員と職員。この間でいろいろな話をしながら、具体的な教学のプランニングを決めていく。この教学プランが財政的にきちんと保証されるかを考え、裏付けするのが法人、理事会だ。

「法人がOKすると、教職員と校友が34人ずつ、学職経験者が20人の計88名で構成される評議員会にかけられることになります。理事長を決めるのも、この評議員会です」

さらにユニークなのは、学長選挙である。専任教員が選挙権を持つ連合教授会で、直接選挙が行われるのだ。連合教授会とは、専任講師から専任教授まで全教員、約900名が出席する会議。つまり、かなり民主主義のプロセスが働く仕組みになっているのだ。

「大きな大学の多くは、投票箱を置いておいて、1週間や2週間と期限を決めて投票していく。1回で決まるか、決選投票になるかはありますが、直接選挙で決まるのは珍しいでしょうね。非常にドラマチックですよ（笑）」

理事長、学長ともに任期は4年。任期がまっとうされれば、4年おきに選挙が行われるということになる。

学部の新設などは、連合教授会でOKが出れば、最後は評議員会にはかられるが、やはりここがキーポイントになるのだという。

「議長は学長がやりますが、結局、大事なのは学長の役割なんです。出席者が数百名という中で、議論が始まってしまうと収拾が付かなくなる。連合教授会の前にある、新学部等設置検討委員会、学部教授会、学部長会などで、どのくらいしっかり話を通せるか。それが問われてきますね」

また、教学がつくったプランが、法人側の理事会とぶつかることもある。

「いろいろなケースがありますが、お互いがすり合わせながら、大学総体として前に進めるなら、それをやろうということで、合意にたどりつくことは多いですね。そのときどきの状況にもよりますが、大学全体のガバナンスが崩れるようなことはない」

もちろん議論は行われるが、理事会に教員、さらには校友の理事も入っていることも大きいという。

「一般的な大学では、理事会には学部長が入っていることが多い。明治大学の場合は、教員と校友の両方が入っている。教員、職員、校友の三者が理事を構成しているんです。それだけ多様な視点が入るということです」

やっぱり、オープンマインドは大事

そして理事会も含め、向いている方向は、はっきりしているという。

「大学の気質もあるんだと思いますが、この十数年かなり新しいことに挑戦できてきたのは、法人に理解があった、ということです。特別な秘密があったとか、誰かカリスマがいたとか、そういうことよりも、教学の気持ちを理解していたんだと思います。だから、新しい方向へ行こうということについて、反対する人はいなかった」

実は教学側でも、学長のトップダウンで物事を進めていく、ということは、仕組みとして、それほど多くないという。

「最終的に連合教授会がOKを出さないと新しいことはできません。だから、逆に丁寧に説明をしないといけないですよね。そのぶんだけスピードは落ちる。しかし、トップダウンでやっても、納得してもらえなければ、大きな組織は動かせないところがあるわけです。明治大学の場合は、納得させるプロセスになっている。ちょっとスピード感はないけれど、こういう明治大学の意思決定の仕方が逆にうまくいったのかもしれません」

しかも、理事会との緊張関係も常にある。他大学の中には、一長制の学校もあり、総長や塾長が決めれば、それでコトが進む大学もあるという。

「その意味でいえば、法人があって、教学組織があるので、お互いにいわば相互にチェックし合う関係になっているわけですね。そんな関係の中で、少なくとも前に進もうということに関しては、それほど大きな不都合は生じていなかったということです」

そして、先にも少し触れたが、理事会に校友が入っていること。

「校友は自分たちも明治大学を出ていますから、明治が変わっていることに対する関心はあるわけです。変えたいと思っている。しかも、だいたい企業経験のある人たちですから、企業と同じようにイノベーションをやっていかないといけないんだということに関して、理解もしている。ただ、もちろん財政的な問題もありますから、ここまでやってほしい、ということにすべて答えられるわけではない。そこでうまくチェックアンドバランスを取りながら、安定的な経営基盤を築き、同時に新しいことへも挑戦できる財政基盤も築いてもらうということができているんだと思います」

学長と理事長の二長体制は実は少ないというが、それでいいのだと土屋学長は語る。

「お互いに責任を分担し合いながら、お互いのいわば尖った部分を出し合いながら、しかしそこまではできないとか、できないならここまでなんとかやろうとか、そういう協力はできていると思います。もちろん大変な議論になることもありますけどね（笑）」

だが、大学の大きな変革に関して、やはり舵取りをしてきたのは、実際の教育に携わっている教学だ。その意味で、学長の役割は極めて重要になる。

「大きな組織ですから、全体の教員の意見も聞き、そういう中でできることとできないことをはっきり分けながら、少なくとも昨日よりは前へ一歩、進めるようにしないといけない。一気に向こう側の谷へと飛び越えていく、なんてことはできないわけです」

迂回したり、下の道に降りていったりしながら、なんとかして向こう側に行くということをやらざるを得ない。

「大変なことだけれど、少なくともバリアを乗り越えてどう向こう側へ行けるのか、新しい領域を切り拓いていけるのか、ということを考えていくのは面白いですよ。反対している人を説得して、なんとか明治大学をさらに新しい姿へ変貌させていくということには、大きな醍醐味があると思います」

この十数年の歴代学長たちも、同じように考えてきたのだ。だから、情報コミュニケーション学部、国際日本学部、総合数理学部など、日本になかった学部づくりをいち早く進めたのだ。

「これは、学長がリーダーシップを取れなかったら、絶対にできなかったと思います。そして理事会が、ぶつかりながらもどこかで理解をしていなかったらできなかった。明治は、その意味で、バランスがいいんですよ。それが片方に崩れてしまうとおかしなことが起こる。それぞれが抑制しながら、うまくバランスしている。だから、うまくいく。お互いバランスを考えながら、揺れているから動いていく」

リーダーシップを発揮する、という点では、一長制のほうが効率性は間違いなくあるという。

「しかし、理事長側の仕事も学長にやれということになったら、大変なことになると思いますね。とても無理でしょう。学長としての機能を果たせないかもしれない。役割分担することのプラス面も大きいんです。理事会が支えてくれれば、ですけどね(笑)」

実際、二長制がうまくいっているときに、大胆な取り組みは次々に進んだのだ。

「学長の気質も大きいと思います。やっぱり、オープンマインドは大事。僕なんかはオープンマインド過ぎちゃうところもありますけどね（笑）」

大学創立の原点がケンカだった

　だが、そもそも明治大学は新しいことをやる、変わっていくことに対して、受け入れる土壌がある、と土屋学長は繰り返し語っていた。それは、大学創立という原点に立ち戻ることで見えてくる。

　明治大学の創立は１８８１年、明治14年のこと。前身である明治法律学校をつくったのは、岸本辰雄、宮城浩蔵、矢代操という３人の法学者だった。３人は、地方の藩の出身で、幕末維新の動乱と激しく世の中が変わっていく中で、明治政府の命を受けた藩の選抜生として上京、フランス法学を学んだ。

「この創立そのものが、実はケンカだったんです。官学に対するケンカですからね、私学というのは。現実の権力に対して、楯突いたわけですから。特に明治は、フランス法学派の民法典論争で主流派に負けるんです。反主流派なんですよ」

　しかし、だからこそ権力に対する距離が持てるようになった。創立者の３人は、まだ30歳前後の若さだったが、個人の権利を尊重し、自由な社会を実現するために、日本の近代市民社会を担う聡明な若者を育てていくことを考えたのだ。

その精神は「権利自由」「独立自治」という建学の精神としていまも息づいている。そして、「個」の確立を基礎とした教育方針が、「個」を強くする大学という理念としていまに継承されている。

「ひとつ象徴的な話があります。布施辰治さんという弁護士です。明治法律学校を出て弁護士になった人物ですが、いまから10年ほど前に韓国の大韓民国建国勲章という勲章をもらっているんです。もう亡くなっているんですが、ぜひ布施さんに贈りたいという人たちが運動を起こして、勲章が贈られたんです」

日本人では、1人だけだという。

「韓国の独立に寄与した人に与える勲章を、日本人に与えるわけがない。韓国は日本から独立したんですから」

もちろん、勲章が贈られたのには、理由があった。

「戦前、軍部がいろいろな力を持っていた頃に、日本における朝鮮独立運動をしていた学生たちが次々に逮捕された。布施さんは、その弁護をしたんです。だから、治安維持法違反で逮捕され、弁護士資格を剥奪されています」

しかし、それでも弁護士をやめなかった。明治法律学校の精神を貫いたのだ。

「あの時代の日本の情勢において、敢然として朝鮮人学生を弁護できるというのは、とんでもないことです」

勲章が贈られたとき、シンポジウムが開かれた。土屋学長は当時、法学部長を務めていたため、司会を担当したのだという。

「当時の朝鮮人学生にしてみれば、日本人弁護士が弁護してくれるなんて、思ってもみなかったそうです。だから裁判所で泣いたのだと。うれしくて」

シンポジウムでは、こんなこともあった。

「最後に、どなたか発言される方はいらっしゃいますか、と言ったとき、手を上げたおじいさんがいたんです。新潟から来た在日朝鮮人の人でした。彼がこんな話をしてくれたんですね。戦争が終わった直後、新潟でどぶろく密造酒事件が起きた。お酒の製造は国に許可されていなかったんです。在日朝鮮人の人たちは、密造どぶろくをつくっていた。それで、逮捕されてしまったんです」

裁判になったとき、主任弁護人になったのが、布施氏だった。

「その弁論をいまでも覚えていると。自分の意志ではなく人につれて来られて、戦争があって、帰るにも帰れない。家もない。その朝鮮人たちがどぶろくを飲んでどこが悪いんだ、と。それを責める理由が日本にあるのか、と」

それを聞いて、みんな泣いたのだという。

「布施辰治さんみたいな弁護士を生み出したのは、明治大学が法律学校として生まれるときに、まさに権力とのケンカから始まるからです。実際、最初の頃の授業には、明治政府のスパイがいたと言われています。スパイがいる目の前で講義をしないといけない。そんな状態でつくられた学校なんです。やっぱり常に社会の中で権力とは距離を取りながら、同時に自らの力でどうやって大学というものをつくっていくのか、必死で考えていったんだと思うんです」

最初はお金がなくて、借金だらけだったという。権力と距離を置いていたからこそ、社会の変化に対してどう対応していくかを、いつも考えなければならなかった。

「例えばリバティタワーを建てるなどという発想の中にも、社会全体の変化の中で単にタワーを建てるのではなくて、全部ＩＴ化して、これからの教育環境に対応できるようにしようと考えた。そうした常に新しさを求める、イノベーションのいわば中心にいよう、社会の変化に対応できる柔軟な組織体として大学をつくっていこうという意識は、創立者以来ずっとあったと思います」

関東大震災や戦争では、大学は焼け落ちてしまった。しかし、ＯＢたちがお金を出し合って、もう一度、再建していく。

「そういう歴史があるんです。どうにかして、自分たちでこの学校を続けていかないといけない、という意識が強かったんです。それをどうやって現代にまで引き継いでいくのか、考えていかないといけなかった」

女子教育のフロンティア

権力との距離、そして社会の変化に対してどう対応していくか、という点においては、実は意外に知られていない明治大学の伝統がある。女子教育だ。土屋学長は語る。

「日本の大学の女子教育のフロンティアは明治なんです。明治が女子部をつくったのは、昭和3年。法学部に女子を受け入れた最初の大学になったんです」

創設初期を経験している人の中には、いまなお存命の人も少なくないという。女子部を卒業した人たちや、明治大学短期大学の卒業生たちで、女子同窓会がいまも開かれている。中には80代、90代の人たちもいるという。

「彼女たちからすれば、明治大学が女性に法律教育を、社会的なキャリアとしての教育を開放したということは、とても大きなことだったんです。全国から、そうした意識を持った女性たちが集まってきた」

実は、日本で最初の女性弁護士は、明治大学の卒業生だ。中田正子氏。１９３５年に明治大学女子部を卒業して法学部へ進み、１９３８年に当時の高等文官司法科試験に合格している。同時合格の女性３名は、いずれも明治出身だった。中田氏は翌々年、弁護士試補考試に合格。日本初の女性弁護士になった。

「最初の女性裁判官も明治大学出身です。一貫して、女子の法曹教育を支えてきたのが、明治大学だったんです」

女子部は後に、明治大学短期大学へとつながっていく。いまはもうない明治大学短期大学だが、異端の短大だったことは意外に知られていない。情報コミュニケーション学部の牛尾奈緒美教授は言う。

「法曹教育を女性に開放したというのは、当時から教育理念としてジェンダーレスというものがあったんだと思うんです。女性の教育といえば、かつては良妻賢母をいかに育てるか、が中心でした。実際、短大のほとんどは家政科や英文科だった。ところが、明治大学短期大学は、法律科と経済科だったんです。これ自体が珍しい。しかも、４年制大学に編入していく女性も多かった。家政学が中心の女子の学校が多かった中、明治大学は昔から女性に高等職業人養成の発想で教えていたということです」

女性の4年制大学への進学が当たり前の流れになる中、明治短大はなくなってしまったが、女子教育の草分けとしての理念はいまも息づいている。その理念を引き継いだのが、情報コミュニケーション学部なのだ。

「情報コミュニケーション学部は、明治大学の中のジェンダー教育の1つの起点になっています。2010年には、ジェンダーセンターを開設しました。明治の女子教育を担ってきた戦前の専門部女子部、戦後の短期大学の伝統を引き継いで、ジェンダー研究を推進しています。それが、学部の理念の1つとして掲げられています」

多様な人々との共生社会の実現という点で、ジェンダーの視点を大切に研究教育に入れてきたのが、明治大学なのだ。実際、明治大学には、ジェンダー教育の専門家がたくさんいる。

そして情報コミュニケーション学部の創設は、女子を積極的に受け入れる、という視点も含まれていた。牛尾教授は続ける。

「私が高校生の時代も、女子は家政科か文学部か、というのが、当たり前の選択肢でした。だから、私も文学部に進んだ。あまり考えていなかったんですね。もちろん、文学部で学びたい人はそれでもいい。しかし、もうちょっと社会科学系を学びたい、あるいは、これから働くキャリアをつくっていきたい、という時代になってきたときに、女子は文学部、という発想はどうなのか、と思うわけです。もちろん、法学系や経済系の学部もありますが、そうじゃない選択肢も用意したかった」

実際、情報コミュニケーション学部の入試での志願者数は、2004年の初年度から44・1%が女性だった。現在は、47・4%にまでなっている。ほかの社会科学系の学部は、いまも女子比率は3割程度である。


実は、これだけ明治大学のブランドイメージが向上し、立教大学や青山学院大学などに匹敵する華やかな大学になっているにもかかわらず、いまなお絶対に行われていないものがある。大学公認の「ミス・キャンパス」や「ミス・コンテスト」だ。

これは、ジェンダーの観点で、女性の品評会らしきものはやらない、という大学の方針による。ブランドイメージが上がったからといっても、何をしてもいいわけではない。こういうところに、華やかな大学にはなったけれど、創立以来の気骨もしっかり残っている明治らしさを感じる。いまなお、ジェンダーの精神は息づいているのだ。

その一方で2017年春、驚くべきニュースがスポーツ関係者の間を駆け巡った。

明治大学応援団の団長に、女性が選ばれたのだ。学ランに身を包んだ硬派たちの中央には、女性。なんという大胆なことか。これもまた、いかにも明治らしい。

ちなみに現役学生にインタビューをしたときに聞いたのは、クラブやサークルでも、女性が幹部を務めるところがとても多いという。こんなところにも、明治の建学の精神は息づいているのだ。

明治大学に集まるのは、どういう女性なのか？

明治大学が志願者を大きく増やした理由は、女子が増えたことにある、と先に書いた。もちろん、新しいキャンパスや、新しい広報戦略によるブランドイメージの向上が果たした役割は大きいのかもしれない。では、明治大学に集まっている女性たちとは、どういう女性なのか。

グラフに女子の大学進学率の推移を掲げた。いまとなっては驚くべきことだが、私が大学に入学した１９８５年は、女子の大学進学率は13・7％に過ぎなかった。これが右肩上がりで伸び続け、２０１６年には48・２％に達している。

背景の１つに間違いなくあったのは、１９８５年の雇用機会均等法の施行だろう。

男女別大学進学率の推移

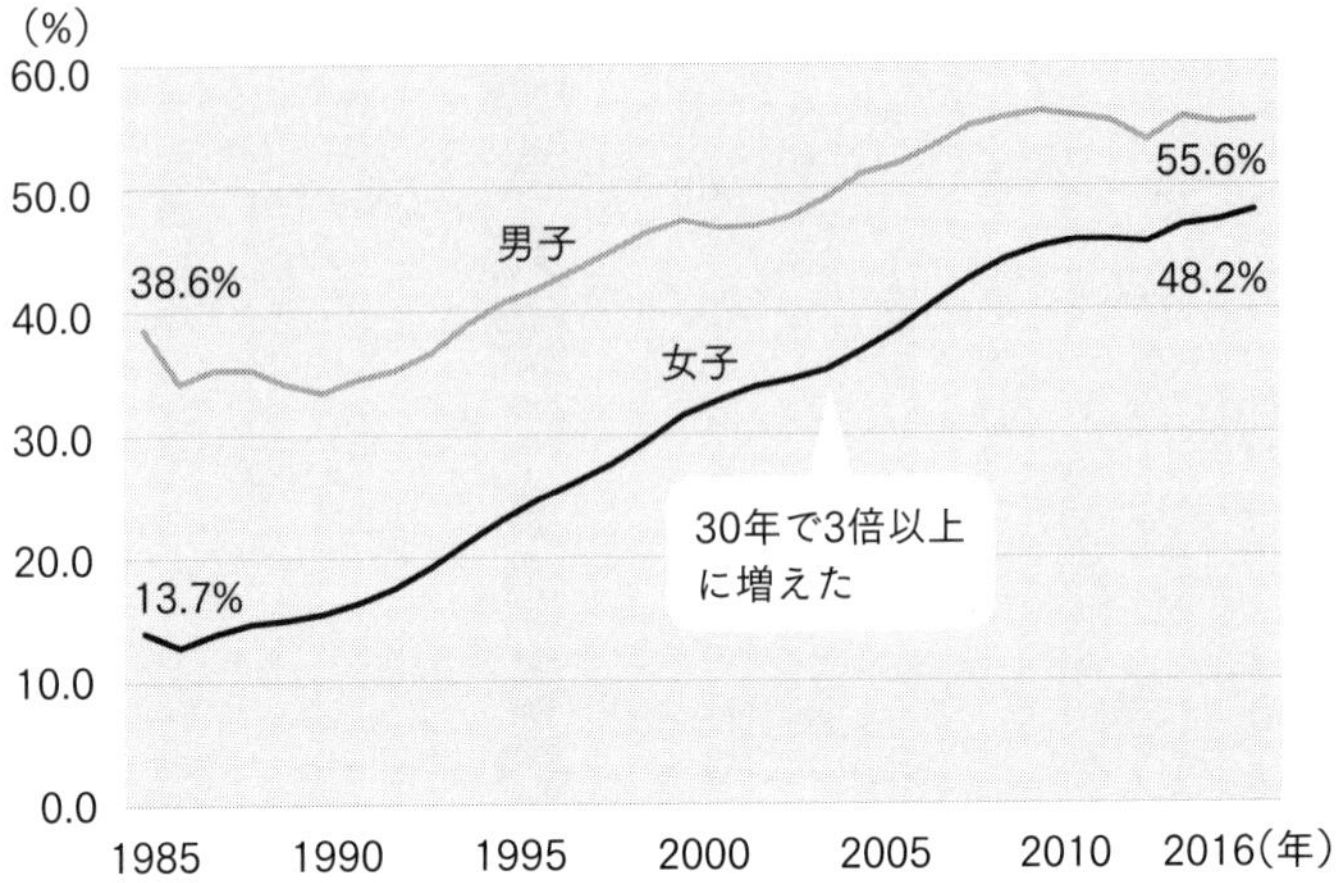

(出所) 内閣府「男女共同参画白書平成 29 年版」。

女性も男性と同じように働くことができるようになった。4大卒が増えていったのは、昔の言葉でいうところの〝腰掛け〟ではなく、ちゃんと働きたいから、ということではなかったか。

いわゆる「キャリア志向」の女性がどんどん増えていったのだ。しっかり学びができる。就職に期待ができる。男子と同等に扱われる。ましてやいまは、共働きが当たり前の時代になってきている。こうした発想の女性たちにとって、ブランドイメージを上げていった明治大学は、まさにぴったりの選択肢になっていったのではないか。

たくさんの学生を間近に見てきた、入学センター事務長の河野氏が興味深いことを語っていた。

「これはよく就職キャリア支援事務室の職員たちとも話をするんですが、明治大学には、しっかりした女子が多いんです。目的意識、問題意識がはっきりしている。〝私たちは女性だから特別扱いしてもらわないと困る〟というタイプの女子ではなく、〝男女関係なく〟という女子が多い。サークルでも学生生活でも、一緒に何かやろうとしますよね。しっかりした男子とともに歩んでいこうというような意識を持っている女子が集まってきているんです」

明治大学は、女子の支持を得るべくブランドイメージを少しだけシフトさせた。だが、実のところシフトさせて、イメージだけで女子に支持されたのかといえば、まったく違うのではないか。

ブランドイメージを上げたくらいで、果たしてここまでの人気になったかどうか。そもそも明治大学には、女子教育のフロンティアとしての創立以来の姿勢があったのだ。当然、それは就職先をはじめ、さまざまなところに現れ出てくる。これこそが、女子に大きく支持された遠因なのではないか。

実は明治大学は大きく変わったように見えて、その本質は変わっていないのである。

これは、土屋学長も語っていた。もともと大学に力があったのだ。そうした「大学の力」が、ブランドイメージのアップによって一気に花開いたのである。

実際、女子教育のフロンティアとしての姿勢が、キャリア志向の女性が増えていく中、受け入れられないはずがない。

そして、そのタイミングが、見事に女性の社会進出拡大、女子の大学進学率の上昇カーブが大きくなっていったところと一致することになった。これが、爆発的な人気を呼び込んだ理由だったのではないか。

さらにバブル崩壊後、経済情勢が悪化する中で、大学進学への期待には「就職」というキーワードが、それまで以上に大きくなった。

これは後に詳しく語るが、明治大学は「就職の明治」と呼ばれるほどに、就職に強い。しかも、女子の就職指導にも定評があった。〝腰掛け〟のキャリア指導が行われるわけではない。男子と同じ就職指導が行われるのだ。

そして、いい就職のためには何が必要か。いい教育をすること。すなわち、いい人材を輩出することだ。実は人気の高まりの一方で、明治大学はここでもこだわり続けてきたのである。

結局、どれもブームは長続きしない

近年、大学に入学するための試験は、どんどん多様化していた。象徴的なものは、ＡＯ入試だろう。高校時代に頑張ったことなどが評価され、一般入試と別枠で入学することができる。ＡＯ入試はこの20年ほどでどんどん増え、全体の半数近くがＡＯで入ってくる、という学校や学部もあるという。

その1つの目的は、多様な人材、個性的な人材を受け入れること、ということになるのかもしれない。一方で、大学から見れば、ＡＯや推薦でそれなりの人数を合格させれば、一般入試の枠はぐっと狭まる。結果的に、一般入試の難易度が上がる。つまり、偏差値が上がるのだ。偏差値の維持のために、ＡＯや推薦が活用されている、というケースもあるのだ。

では、明治大学はどうしているのかといえば、ＡＯや推薦が極めて少ないのである。ある外部機関の調査によれば、明治の一般入試比率の高さは、日本の大学でトップレベルだったという。では、どうして明治大学はＡＯや推薦を増やしていないのか。入学センターの河野氏はずばり言う。

「ＡＯで入学した学生たちの成績が、あまり上がっていないからです。この点で世間の評価と一致していますね」

実は入学した学生は、しっかりその後も追跡されているのだ。

「特に1年生、２年生のときの成績を見ます。実は指定校推薦も、これで決めています。在校生の成績です」

もし、入学後にいい成績を取っていれば、ＡＯ入試は増やされたかもしれない。しかし、そうではなかったというのだ。

「面接で見抜くのはそれだけ難しい、ということだと思います。熱意にほだされてしまうこともある。そもそも1回30分程度で何がわかるのか。就職みたいに何度もやれば別かもしれませんが、受験生にそこまで負担をかけることはできません」

人気が出ればいい、学生に入学してもらえれば、それでいいというわけではまったくないのだ。明治大学が強く意識しているのは、優秀な人材を輩出すること。〝出口〟を重要視しているということだ。だから就職もいい、ということになるのである。

そのためには、入学試験が重要になる。いかに優秀な学生を獲得できるか、ということだ。だから、一般入試を最も大きくしている。その合格者の成績が最もいいから、ということなのだろう。

ブランドイメージが上がり、就職がいい、つまり社会からの評価が高まっている背景には、こうした〝入り口〟がしっかり戦略的に考えられていることが挙げられる。そして、〝出口〟を重視し、そこまできちんと見るようにしているのだ。優秀な人材を輩出することが、大学の役割だからだ。河野氏は続ける。

「結局、受験生も親も、何を見ているのかというと、出口を見ているわけです。学費の費用対効果と言ってもいいんじゃないでしょうか。明治大学、いい入試問題をつくってるよね、って受けるわけじゃない。もちろん、いい入試問題をつくることは大切ですが。都心にあるホテルみたいな校舎だからって、それは校舎も大事だけど、それで来るわけじゃない。出口を見てるんです。そこが一番大事です」

このスタンスは、スポーツ推薦でも貫かれる。明治大学は２０１６年に東京六大学の春期・秋期リーグで優勝したり、サッカーで日本代表の長友佑都選手を輩出したり、ラグビーなどでも強豪として知られているが、スポーツだけできればいい、というわけではまったくないという。実際、スポーツ推薦の選考にかかわったことがあるという情報コミュニケーション学部の牛尾教授は言う。

「どこの学部も、勉強は重視しますね。どの選手を選ぶか、というとき、勉強ができるかできないか、というのは大きいです。スポーツとしてものすごい能力があっても、勉強が心配なら合格にはしない」

そして、だからこそ、明治に行きたいという高校生たちも多いという。

「実はスポーツの設備などは、新設校のほうがいいんです。ところが、明治に行きたい、という高校生たちが多いのは、明治は勉強で取るからです。スポーツとの両立は大変ですが、スポーツだけの人間にならないわけですね。だから、わざわざ明治を選びたいというんです」

そもそも部の活動も、教育としてやっている、というのが、明治大学のスタンスだ。大学の名前を上げるために、運動だけしろ、などということは言わないのが、明治なのだ。牛尾氏は続ける。

「人間教育が中心なんです。だから、勉強は絶対にしないといけない。野球部からプロ野球に行った選手もいますが、授業には全部、出ていましたよ。本当です。勉強ができない子は、明治では許してもらえません。それがわかっているから、二の足を踏む高校生もいます。でも、明治は運動家をつくりたいわけではない。人間をつくりたいんです」

明治大学が〝出口〟を意識し、社会に貢献できる人をつくりたい、という思いは、高校生に向けた進路説明会でも語られている。高校生向けに入試広報を手がけているのも入学センターだが、オープンキャンパスを展開したり、華やかな明治大学の空気を伝えるだけではない。時には、極めて本質的な話もあえてするのだという。入学センターの河野氏は語る。

「最もやってはいけないのは、目的意識や問題意識もなく、時代の雰囲気で大学や学部の選択をしてしまったりすることです。バブルの頃は経済系に受験生はわっと集まりました。でも、バブルが弾けたあと、彼らは困ってしまったわけですね。本当にやりたいことだったわけではなかったんですから」

その後もIT系、看護介護福祉系、薬学系などのブームが訪れたという。

「でも結局どれもブームは長続きしないんです。また受験生は離れる。そのときどきの目だけで見たらいけないんです。大学を出るときに、時代はガラッと変わってしまっている。だから、そういう選択はしてはいけない、ということを伝えないといけない。こんな話よりも、明治大学の魅力を語ったほうがいいのかもしれませんが（笑）」

重要なことは、きちんとした職業観に基づいた大学選択、学部選択だと河野氏は言う。だから、時間があれば、こんな話までする。

「何のために生きているのか、ということと、何のために学んでいるのか、ということとの接点を探しなさい、と。その学びがいずれ『働く』につながる。その接点がないから何事も受け身になるし、勉強にもやる気が出ないんです。ただ、これは簡単には見つけられない。親も教えられない。大学に入ってから変わってもいい。でも、考えておくことが大事なんです。入試広報でこんな話をするのは、私たちくらいだと思いますけど（笑）」

高校生は目を輝かせて聞いてくれるという。

「本当は高校で一番やるべきことは、きちんとした職業観を身につけることです。そうすれば、ブームに流されずに済む。自分のやりたいこと、適性、周囲の環境、そして学力という現実も見ないといけない。そのバランスが重要です」

入試広報で、こんな説明をしているのが、明治大学なのだ。

教員の約7割が、他大学の出身者

では、学生を指導する教員についてはどうか。ひとつ印象的だったことは、これだけの伝統校となれば、やはり明治大学出身の教員ばかりなのかと思いきや、まったくそんなことはない、ということだ。土屋学長は語る。

「これも明治のよさだと思います。教員構成が、明治出身者が多数派ではないんですね。約3割くらいでしょうか。残る7割は他大学出身者です。いろんな大学から集まってきていることが、明治大学の活力になっています。純粋培養の学校もあります。でも、それでは、パワーにならないと考えています」

他大学から出身者が集まってきて、他大学のよいところも入れながら、他大学の経験も入れながら、明治大学という場所で結果を出していく。

「そういう多様性も明治の力だと思います。もともと外側の世界をどうやって組み込んでくるか、ということに関して、意欲的だったんですよ。それが、明治の活力のもとになってきた」

これもまた、建学の精神がかかわってくるという。

「私学として出発するとき、官立とは違うところとしたときに、多様性は出発点の中にあったんです。これからは、純血主義ではない、と。女子教育を始めることもそうですが、いろんなプロセスの中で、常に外側の基準をどうやって取り込み、あるいは逆に外側に対して新しいスタンダートを示せるか、という意欲が常にあった。雑種的な大学ですから。でも、雑種であるがゆえの力があるんです。それが多様な他民族の世界に出たとき、対応力として生きてくると思う」

しかも、他大学の出身者が重要な役職に普通についていたりするのだ。何度も登場してもらっている情報コミュニケーション学部教授の牛尾副学長は慶應義塾大学出身だ。牛尾教授は語る。

「明治大学の出身者で、そのまま先生になった方々も副学長におられますよ。でも、それればかりじゃない。他大学の出身者もいます」

そういうところは、明治大学はまったく気にしないという。適材適所を貫く、ということだ。

「だから、教員も出身大学はまったく気にしないで選んでいる」

情報コミュニケーション学部では、教員の多くが他大学の出身者だという。

「熱心な先生、多いですよ。学生思いです。就職活動がうまくいかない学生をわざわざ呼んで、何かしてあげていたり。愛情あふれる先生、多いと思います」

そして牛尾教授が改めて実感するのが、学部の自治が強いことだ。

「各学部を事業部と見立てれば、事業部の自立性は高いですね。これは、伝統的な大学ならではだと思います。学部や学問の独立性がある。研究者であり、教育者である教員の意見が通りやすいというか、教授会がしっかり機能していますね。大学によっては、学部の自治があまりなくて、何か言われたものを教授会で追認するようなこともあるようです。タイムカードで教員を管理していたり」

明治大学では、各学部が自分たちの意志をもってきちんと意見を言うという。また、それを言いやすい空気がある。

教育も自由度がとても高いということだ。だから、熱心に新しいことに取り組もうとしている教員もいれば、実のところ昔ながらの講義を今も続ける教授もいるという。混在しているのだ。

「それが許されている懐の深さのようなものを感じます。それこそ、成果主義のようなものを入れて、教授会を解体して、学生の授業満足や研究論文の質と量だけで業績評価される、なんて学校の話も聞きますが、いまのところそういうことはない。『権利自由』『独立自治』の精神が教授会にあらわれていると感じています」

教員としての働きやすさは、学生への指導という面でもプラスに働くのは、言うまでもない。

卒業のとき、この大学でよかったと思える。それが一番

矢継ぎ早に改革を打ち出してきた明治大学。どうしてこんなことが可能だったのか。土屋学長はこんな話をする。

「明治という大学は、何をやらないといけないのか、ということに関する対応力が強いんです。現実に対する対応力がとても強い。変えることに対する恐れがない。それは、大学が偉そうにしていないからでしょうね。偉そうにしていたら、なかなかできないんです」

なぜ、偉そうにしていないのか。それこそ、ここまで人気になっていても、誰に取材しても、明治大学には偉ぶったところがまるでない。

「アジアの中で考え、世界で考えているからです。そうすると、一流ではないということに気づけるんです。早稲田や慶應だって、世界から見れば一流とは言えないかもしれない。それが現実だということを認識しないといけない。もちろん、わざわざそんなことは表で大きな声で言ったりはしませんよ。でも、意識としては、まだまだ上を見なきゃならない。ここで止まっているわけにはいかない。現状で止まっているわ

けにはいかないんですよ。そういう意識を、みんなが持っていると思います」

学生に対するアメニティ、国際化に関しても、まだまだ足りないと語る。それこそ、もっと進んでいる大学がある、と名前を挙げてあえて国内のライバル校を褒めるのだ。


だが一方で、明治大学も着々と新しい取り組みを進めている。2016年には、文部科学省の世界展開力強化事業のタイプB（ASEAN地域における大学間交流の推進）に応募した。全国の国公私立大学等から52件の申請があり、8件が採択された。そのうち私立大学は、慶應と明治の2校だけだった。

また、同じく文部科学省の私立大学研究ブランディング事業にも選ばれている。研究への財政的な大型補助がなくなるにあたり、自らの大学を研究面でブランディングするとどんなものが出てくるか、募集が行われていた。明治は、先端数理科学インスティテュートのスタッフを中心にして、新しいブランディングを築き上げることに成功した。

「やらないといけないことはたくさんあるんです。ときには、理事会を含めて、いろいろケンカをしながらもね。でも、新しいことをやろうというところでは、一致できる体質を明治大学は持っている。それは、やはり明治が常に現状に満足しないからです。一流じゃないと思えば、絶対に満足しない。一流になろうとするからです」

逆にいえば、自分たちが一流であると思ったとき、そこで進歩は止まる、と語る。

「常に自分たちにさらに先があると思っている以上は、やっぱり変わっていく力を持っていると思う。だいたい僕のような人間を学長に据えちゃうんだから。要するに、そういう期待があったということです、明らかに。何かやれ、変えろ、と。その期待に応えないといけない」


志願者数に関しても、あたふたとするところはまるでない。抜かれたから抜き返そう、などということもまるでない。入学センターの河野氏は言う。

「そういうことはしないですね。気にしていないです。志願者数を増やす方法は、受験科目を減らしたりすればできるのかもしれませんが、しません。だって、学生の質が下がってしまうわけですから」

むしろ目指しているのは、より優秀な学生に来てもらうことだ。

「やっぱり上位者が目を向けてくれないと。目指しているのは、第三志望までに入ることです。1位が東大、2位が早慶、その次は維持したい。昔のOBは早慶明だろうと言います。入試の実態から見れば、旧帝大でも上位層でなければ、早慶は滑り止めにはならないんですね。例えば、北大の併願先は明治が一番多いと言います。現実的な位置づけが明治大学ということになるんでしょう」

本当はもっと上の大学に行きたかったが、残念ながら入れずに明治に来る。実際にはそれも現実としてはあるだろう。

「いわゆる不本意入学です。実は私もそうでした。でも、大事なことは、卒業するときに、この大学でよかったな、と思えることだと思うんです。それが一番いい。出てから、明治大学はよかったよ、と勧めてくれる。これが一番じゃないでしょうか」

もしかしたら、不本意入学も少なからずいることが、学生をも含めて、明治大学を強くしているのかもしれない。河野氏は続ける。

「変なプライドは持っていないですね。学生も卒業生も。誇りは持っているけれど、妙に勘違いするようなことはない。そうならざるを得なかったのかもしれませんが、それが我々のポジションなんじゃないかな。それは卒業生に共通している。もちろん、やる気もあるし、バイタリティもあるけれど、妙なプライドはない。そして、やるときには、徹底的にやる。これは、昔から変わっていない。本質的なところは変わっていないんですよ、昔の明治と。今風にはなったのかもしれませんが」

【覆面学生座談会】

現役明大生に、あれこれ聞いてみた！

《大学サイドの話は本当なのか？　明治大学の躍進の秘密を探るためには、学生たちの生の声を聞く必要もある。教員も職員もいない中で、６人の学生に話を聞くことができた。現役明大生が語ってくれた「明治大学の実態」を紹介しよう》

――関東の高校生の志望したい大学ランキングで、明治大学がいまは１位なんです。しかも女子高生にも大人気なんですが、どうしてだと思いますか？

S子　ちょうどいい位置にいるから。

M夫　偏差値がちょうどいい。

H絵　頑張れば届くから、って思います。

A彦　現実的、ということじゃないですか。

M香　ネームバリューがあり、かつ努力すれば届く。

――なるほど、ブランド力と努力のコストパフォーマンスがいい、ということですか？

Y郎　ＭＡＲＣＨの中では明治に行きたい、とみんな思っていると思います。

S子　きれいな女の子だけの印象が青学で、そういうのが得意じゃない人が明治に来た、みたいなところはあります。

H絵　お高く止まるよりも、わちゃわちゃしたい。

S子　運動とかに興味があったら、スポーツを応援したい、とかで来る人もいるんじゃないですか。

M香　スポーツあるかも。私の友達も六大学野球を見たくて明治に入りました。

H絵　都会にある高いビルの大学というイメージは強いんじゃないでしょうか。

S子　でも、明治ってキャンパスっぽくないよね。駿河台は特に。

H絵　和泉のほうが、キャンパスらしいよね。

M香　だから嫌だとは思わないけど。

S子　もし、普通のキャンパスだったら、移動が大変。ビルだったら、エスカレーターで移動するだけ。

――本当は、別に行きたかった大学があったんじゃないかとも思ったりしますが?

S子　慶應を受けました。SFCです。落ちました。入学当初は気持ちもどん底で、サークルも入らないくらい。

H絵　私も第二志望。早稲田の文化構想学部に行きたかった。でも、明治はすごい人気だったし、受かったときに、もうこれでいいや、と思ってしまった（笑）。

M夫　僕はもともと理系だったんです。青学と中央、あと上智の理工学部を受けました。上智は落ちて、ほかは受かったんですが、明治にしました。明治は就職も強いし、学生に人気があるので。

Y郎　出身が福岡なので九州大学を志望していたんです。九大に落ちたら、東京の私立に行くつもりでした。センター試験で対応できたので明治を受けました。あと中央の理工学部ですね。

A彦　私は私立文系志望で、慶應を落ちて明治にしました。情コミは世界史の配点がほかの教科と一緒だったんです。

M香 私は付属校出身です。中学受験で親が決めてくれて。就職がいい、ということが一番の理由だったみたいです。

――高校生のとき、明治大学はどんなイメージでしたか?

S子 キラキラしている人が多そう、という印象はありましたね。早稲田はわちゃわちゃしている。慶應はお堅いイメージでした。

H絵 ほかの大学と比べて、キャンパスがこぢんまりしているし、明るい印象でしょうか。

M夫 自分の中では、明治ってかなりトップレベルにネームバリューがある大学だと思っていました。

Y郎 明治はMARCHの中でもトップレベルだと思っていました。あと、青山や立教に比べても男っぽいイメージがあって。でも、実際にはそのイメージは薄れていましたけど(笑)。女性も多いし、昔ほどの男っぽさはない。

M香 いい大学だし、就職もいい。

A彦 父親から聞いたイメージだと、わりと早稲田、明治は、男子学生が多くて、バンカラみたいな話でした。でも、全然そんなことなくて。サークルの幹部も、過半数は女子がやっているし。むしろ、女子が強い印象ですね。

――入学してからの印象は?

S子 学食はまずいですよね。

H絵 明治の食堂は、まずいので有名。

S子 和泉は大きいけど。

A彦　学生数に比べると、ちっちゃいかもしれない。

M香　授業は、少人数の授業が意外に多いな、と思いました。大教室で先生がマイクで話す授業より、少人数が多いな、と。友達もできやすいからいいけど。

Y郎　グループワークとかも多いよね。僕は地方出身だから、友達をつくるには、すごくよかった。

M夫　いろんな種類の授業があるから、視野が広がったと思う。文系とか理系とか、あまりこだわる必要もない。

A彦　いろんな授業があるよね。交渉術とか学べたりするのは、びっくりした。元NHKのディレクターだった哲学の先生の授業とか、印象に残っています。

M香　毒づくというか、大胆な授業というか（笑）。

――最後に、明治大学の魅力を学生目線から教えてください。

S子　なんといっても留学支援です。国際連携事務室の人たちが本当に素晴らしくて。外務省の「カケハシ・プロジェクト」で研修に一週間、ワシントンに行かせてもらったんですが、わざわざ引率してくれました。滞在中にも、訪れた大学の先生方と話して、留学の枠を取れるように交渉してもらいました。来年は1年間、留学するんですが、それもサポートしてもらいました。

H絵　父親からは、明治大学はまじめな人が多いと言われていました。あと、就職に強い、とも。それは、大学職員の方々が、そういう環境を整えてくれているからだと感じました。私は一社しか受けていないんですが、第一志望の会社に決まりました。

M夫　就職活動フォローが本当に手厚かった。学生同士の団結をつくるのがうまい、と感じました。また、職員の方も、本当に何度も相談にのってくださって。就活はうまくいって、第一志望に内定をもらいました。

Y郎　1年生の冬に、留学してVTRを撮影するというテレビ局との連携プログラムに参加しました。その体験で、将来これをやってみたいな、という気持ちになった。自分の夢をつくってくれたんです。明治に入って本当によかったと思っています。

A彦　僕は中高6年間、同じ学校で過ごしてきたんで、人間関係にぬるかったんです。明治に入ると、いままで、かかわってこなかった、ぶっとんだ人もいっぱいいるので。これが面白いです。

S子　特に1、2年のときは、はっちゃけたいのか、見た目も、髪を染めたり、とか派手な子いるよね。

H絵　大学デビューだよね。

S子　駿河台に来ると、就活のスーツの先輩がいるからキリッとせざるを得なくなるけど。サークルのスウェットとかでは来られない雰囲気がある（笑）。

M香　明治はネームバリューがありますよね。サークルも、他大学の人とすぐ仲良くなれますね。バイト先で明治っていうと、明治なんだ、みたいな尊敬の空気を感じたりすることもある。早稲田の人とかは、自分たちのほうが上、と思っているでしょうけど（笑）。

CS STRATEGY

第5章

学生も親も“出口”を見ている！

就職ガイダンスの出席率は、なんと90％超

大学通信が調査した「全国進路指導教諭が勧める大学」には、さまざまな項目がある。その中で、明治大学が群を抜いてトップになっている項目があった。「就職に力を入れている大学」だ。

２０１２年から２０１６年まで5年間のデータを見せてもらったが、いずれもダントツの1位。圧倒的なのだ。

もともと「就職の明治」という言葉があるくらい、明治大学は就職に強いと言われてきた。それはいまも健在なようだ。しかも、取材を通じてわかったのは、その強さにさらに磨きがかかってきていること。就職指導が、どんどん進化していたのだ。

まず、本格的な就職活動支援は、大学3年生の10月に始まる。就職キャリア支援事務長の小林宣子氏は言う。

「最初に10月初旬、『就職・進路ガイダンス』を開催しています。学部別に開催していますが、いつも驚かれるのは、出席率の高さです。毎年90％以上の数字になります」

その年の就職活動のスケジュールを紹介したり、求職登録と呼ばれる学生たちの就

全国進路指導教諭が勧める大学（就職）

<table>
<tr><th>順位</th><th>2012年</th><th>2013年</th><th>2014年</th><th>2015年</th><th>2016年</th></tr>
<tr><td>1</td><td>明治</td><td>明治</td><td>明治</td><td>明治</td><td>明治</td></tr>
<tr><td>2</td><td>立命館</td><td>金沢工業</td><td>金沢工業</td><td>金沢工業</td><td>金沢工業</td></tr>
<tr><td>3</td><td>中央</td><td>立命館</td><td>立命館</td><td>立命館</td><td>法政</td></tr>
<tr><td>4</td><td>金沢工業</td><td>産業能率</td><td>法政</td><td>法政</td><td>立命館</td></tr>
<tr><td>5</td><td>福井</td><td>国際教養</td><td>産業能率</td><td rowspan="2">産業能率、日本</td><td>産業能率</td></tr>
<tr><td>6</td><td>九州工業</td><td>法政</td><td>中央</td><td>九州工業</td></tr>
<tr><td>7</td><td>国際教養</td><td>日本</td><td>九州工業</td><td>近畿</td><td>日本</td></tr>
<tr><td>8</td><td>慶應義塾</td><td>中央</td><td>芝浦工業</td><td>早稲田</td><td rowspan="2">慶應義塾、中央</td></tr>
<tr><td>9</td><td>法政</td><td>近畿</td><td rowspan="2">日本、近畿</td><td>中央</td></tr>
<tr><td>10</td><td>日本</td><td>福岡工業</td><td>慶應義塾</td><td>福井</td></tr>
</table>

（出所） 大学通信「大学探しランキングブック 2017」。

職に関しての希望調査をしたり、キャリアサポーターと呼ばれる就職活動が終わった4年生の内定者による簡単なスピーチがあったりする。

実は就職支援ガイダンスで、9割を超える出席率というのは、異例の高さなのだという。ほかの大学では、5割程度のところもあるらしい。就職キャリア支援センターの滝晋敏氏は言う。

「就職を考えている学生は、ほぼ100%に近い数で来てくれているのではないかと思っています」

だから、よく、どうやってそんなにたくさんの学生が来ているのか、教えてほしいと問われるのだそうだ。

「これに出ないとペナルティがある、というようなことはないんですよね。1つあるとすれば、代々、先輩たちが、『出たほうがいいよ』ということを伝えているようです。また、これだけ多くの学生が来ている、ということそのものも、アドバンテージになるかもしれません」

そもそも明治大学の学生は、就職意識が高いのかもしれない。ガイダンスの告知が行われるのは、夏休みに入る前のタイミング。学内に掲示が行われるほか、学内のイントラネットにも掲示がされる。

「一般の行事の告知とほとんど変わらないですが、希望すれば、就職キャリア支援センターが出したお知らせがあると、メールで知らせてくれるシステムもあります」

そしてもう1つ、明治大学の最初の就職・進路ガイダンスの特色は、「エントリーシート対策講座」が組み込まれていることだ。滝氏は言う。

「ガイダンスのあと、エントリーシートの書き方講座を行っているんです。希望者は、自己PRや学生時代に頑張ったことなどを書いてきて、外部業者に添削をしてもらって戻してもらう、ということもできます」

まだ大学3年生の秋だ。本格稼働は半年以上先になるが、あえてこのタイミングで

「就職の明治」の本格的な就職支援活動は大学３年生の10月に始まる。就職ガイダンスには、各学部90％以上が出席する。

やっているのだという。滝氏は続ける。

「確かにちょっと早いな、という意見もありますが、逆にこの段階で書けない学生は気づけるわけです。あれ、自分は学生時代頑張ったことが何もないぞ、と。そうなると、自己ＰＲが書けないわけですが、半年後の就職活動までに準備をすることができる。だから、ちょっと荒療治的な意味合いで、やってもらっているところもあります」

このタイミングでエントリーシートの対策講座というのは、ほかの大学ではないのではないかという。やはり間際になっているところが多いようだ。添削は希望者全員。極端な話、５０００人来て、５０００人受けようと思えば受けられ、業者に出す添削の費用も大学が持つという。

「専門の添削業者が見ますので、赤字がたくさん入った状態で返します」

こうして学生は、就職活動の準備意識を高めていくことになるわけだが、就職キャリア支援部のサポートは、実はここからさらに加速していくのだ。

１００を超える就職支援行事は、職員の手づくり

小林氏が言う。

「就職・進路ガイダンスの後からすぐに、ほぼ毎日、翌年の2月の終わりまで、試験期間を除いて、何かしらの就職支援関係の行事を行っています」

２０１６年度の行事リストを見せてもらった。１００以上の行事がずらりと並んでいるのだ。本当に、試験日や土日を除いて、ほぼ毎日、なのである。

例えば、職種研究セミナー、筆記試験対策テストおよび就職適性検査、仕事研究セミナー、女子セミナー、業界研究の仕方、業界研究セミナー、ＵＩターンセミナー、自己分析講座、公務員セミナー、マナー講座、模擬面接会、グループディスカッション講座……。

業界研究では、金融、商社、広告・出版、食品業界など主だったほとんどの業界が網羅されている。職種研究も営業や企画など、さまざまな仕事について学べるようになっている。滝氏は言う。

「業界研究セミナーは、数社の企業に実際に来ていただいて、パネル形式で説明してもらったりもします」

しかし、こうした取り組みをしている大学は、いまはそれなりにあるのかもしれない。ただ、明治大学が違うのは、学生のニーズを先読みして、こうした行事をどんどん拡大させていっていることだ。カリキュラムを進化させているのである。

「昨年、初めてやったものでいうと、ＯＢ・ＯＧ訪問の仕方講座があります」

初の試みだったが、なんと６７０人もの学生が参加したという。

「いまは売り手市場ですが、学生は目の前の直近の先輩の動きをとても意識します。就活は楽勝、あの先輩でもあんなところに決まっているし、みたいなところがちょっと雰囲気としてありました。そこで、お尻を叩く意味でも必要だと考えました。ちょっと緊張感を持たせる意味合いもあったんです」

そして背景にあるのは、ＯＢ・ＯＧに会うことの推奨だ。

「行ったほうがいいですね。ＯＢ・ＯＧ訪問をしないと、本当の会社のいいところ、悪いところが見えてこない。ぜひ、この機会を活用してほしいと思ったんです。でも正直、こんなに学生が来るとは思いませんでした。資料は足りなくなり、立ち見は出るしで、急遽、回数を増やしました」

OB・OG訪問については、実は学生に戸惑いがあったようだという。

「どうやって動いていいのか、わからなかったようです。あと、いまの学生というのは、スマホ世代ですから、まず、知らない人に電話をするという経験をしたことがない学生が多いです。会社に入ると、かかってきた電話を取るのが大きなストレスだ、なんてニュースが出ていたのを見たこともありましたが、そもそも学生は知らない人と電話をすることはまずない。だから、電話のかけ方も参考になったようです」

そして講師を務めたのは、滝氏だ。こんなふうに就職キャリア支援部の職員が発案し、自分で講師を務めるものも多いという。小林氏は言う。

「お金もかかりませんし、職員の研鑽《けんさん》にもなります。それぞれの行事に関しては、担当を割り振っていますが、毎年毎年、職員がいろいろ学生の動きを考えて、新たな企画をしたり、同じ業界研究でも、自分がファシリテーターをやってみたり。職員が手づくりで行事をつくっている、というのが、明治大学の特徴の1つですね」

ほかにも「リクルーター面談対策講座」も新たにスタートさせたという。最近では、リクルーターを復活させる企業が増えてきている。また、「就職カフェ」のような場所で、リクルーターと学生がコミュニケーションを交わす機会が多い。そこで講座をやってみたところ、342人の参加があったという。

また、就職がなかなか決まらない学生へのフォローも、カリキュラムに組み入れられている。明治大学が行っているのは、4年生の秋から行っている「学内採用選考会」だ。

「リーマンショックの後、就職が厳しくなったときに、明治大学がいち早く始めた取り組みでした。企業の方に大学へお越しいただいて、学内で説明会を開き、1回目の選考まで行っていただきます」

それまでなかなか面接などがうまくいかなかった学生も、大学の中で試験が受けられるとなると、少し安心感が出るのだという。

「ですから、手応えがあるようなんですね。企業によっては、筆記試験と面接の両方を、行っているケースもあります。4年生の秋から、卒業間際まで昨年は4回、行いました」

だんだん卒業が迫っていくが、ここで内定を勝ち取る学生も出るという。小林氏が言う。

「今年も3月に決まった学生がいました。就職する意志がある学生に対しては、ギリギリまで支援したいと考えています」

滝氏も言う。

「やっぱり粘り強くやることが大切です。私も数年前、27歳で就職活動に挑んだ学生を支援したんですが、最初はかなり厳しいものがありました。でも、ずっとやっていたら絶対に見てくれるところがある、と励まし続けました。結局、10月になって決まったんですが、1社もらったら、その後、とんとんと2社決まったんです」

売り手市場といっても、誰もがうまくいくとは限らない。一度、失敗したことがトラウマになってしまう学生もいる。実は、そうした学生をこまめにフォローする体制が、明治大学ではつくられている。

ピーク時は2時間待ちのキャリアカウンセリング

御茶ノ水の駿河台キャンパスの就職キャリア支援センターには、部長を含めて19人の職員がいる。生田キャンパスには7名。和泉キャンパスに2名、中野キャンパスにも4名いる。

総勢31人規模だが、大きな特色は職員自らが、学生のキャリアカウンセリングを担うことである。相談に来た学生に、職員が応対するのだ。小林氏は言う。

「キャリアカウンセラーの資格を持っている職員が少なくありません。人事異動で就職キャリア支援事務室に配属された職員は、キャリアカウンセラーの資格を取ってもらうようにしています。そのための予算を確保しています」

資格取得には、数十万円がかかる。就職キャリア支援センターでは毎年、1〜2名の資格取得者が出るという。滝氏が続ける。

「ほかのキャンパスから、駿河台に来て相談することも可能です。すべての学生の情報はパソコン上で管理していますので、どこのキャンパスに行っても、その学生のこれまでの相談の履歴がすべて見られるようになっています」

担当カウンセラーが変わっても、学生のデータを見て、対応ができるということだ。

そして驚くのは、このカウンセリングが徹底活用されていること。学生による就職相談は、4キャンパスで年間、なんと約3万件にのぼるという。1学年の学生数は約7500人。単純計算すると、1人あたり4回は就職キャリア支援センターに相談に訪れていることになる。小林氏は言う。

就職相談は、年間約３万件にのぼる。ピーク時は、30人待ち、２時間待ちになることもある。

「昨年は採用活動の時期が変更になったこともあって、少し増えたところはありますが、だいたい毎年、２万を超える件数の相談を受けていますね」

駿河台の就職キャリア支援センターは、大学会館の２階にある。リバティタワーと細い道路を一本はさんだ並びにある建物だ。学生専用の入り口が設けられている。センターに入ると、受付のカウンターがあり、相談を希望する学生は、名前を書き相談用紙を提出して待つ。

「最も相談が多かったのは、３月。１カ月、このキャンパスだけで２０００人を超えていました。平日は１００人以上が相談に来るような状況です。ピーク時は30人待ち、２時間待ち、ということもありました」

それでも学生は相談の順番を待つ。その有用性に気づいているからだろう。滝氏は言う。

「3月の段階ですと、どうやって業界を決めていったらいいのか、とか、エントリーシートを見てほしい、とかが多いですね。エントリーシートは、我々も添削します」

自己PRをベースに、面接のつもりで質問してほしい、と模擬面接のようなことをお願いする学生もいるという。


相談ブースは6つ。1人あたりの相談時間は約30分。多いときには、相談を担う職員は1日20名ほどを受け持つという。また、別の席も使って、12～13人が同時に相談に入ることもあったそうだ。滝氏は語る。

「昔に比べると増えている印象がありますね。リーマンショックの前までは、1年間で1万件ほどでした」

背景にあるのは、就活への関心の高まりだという。小林氏も言う。

「親御さんもとても関心は強いですね。昔は、自分で考えて自分で動く学生が多く、親に相談することはあまりなかったようです。いまは7割くらいの学生が、親に何らかの報告をしているというアンケート結果もあります。マスメディアも含めて、世の中が就職活動に焦点を当てることが増えたことで、関心が高まっているところが大きいと思います」

そしてもう1つあるのは、学生が来やすい雰囲気をつくっていることだ。滝氏は続ける。

「すべての職員が、学生のために、という強い思いを持っています。本当に手厚く対応していますので、その気持ちが通じているのかな、と思います。『どうして、ここの人は、こんなに優しいんですか?』なんてことを、言う学生もよくいます」

学生の相談に対する職員のスタンスは一貫しているという。小林氏は語る。

「まずは学生の話をしっかり聞く、ということです。そこから必ずスタートします。話を聞きながら、内心〝いや、それはちょっと違うんじゃないかな〟と思ったとして、それを最初に言ってしまうと、やっぱり学生はだんだん萎縮してしまいます。だから、まずは話を聞いてあげるということを強く意識していますね。シートや自己PRに関しては、相手に伝わるか、伝わらないか、ということをしっかりと見ています」

傾聴すること、そして学生に対しての言葉遣いには気をつけているのだそうだ。滝氏も言う。

「自分から言うように、引き出すことが大事ですよね。こういう業界がいいよ、という答えを待っている印象もあります。中には、内定を4つも5つも持っていて、どこに行ったらいいのかわかりません、という学生もいます」

ただ、もちろん学生に選ばせることが大事になる。どうやって学生の本当の気持ちを引き出していくか。小林氏は言う。

「本人が言ったことに対して、言い換えで返答しながら、本人に改めて気づきを与えていく、ということが大事だと思っています」

3万件という数字だが、実際には学生の4割ほどが利用しているのではないか、という感触を持っているそうだ。滝氏は言う。

「リピーターがけっこう多いですよね。毎日、来ている学生もいます。やっぱり心の拠り所が欲しいんだと思います。精神的にズタズタにされる、と感じている学生もいますから。ここでちょっと励ましてもらいたいんだと思います。苦しくて涙を流す学生も少なくないので、相談担当の机の上には必ずティッシュが一箱、置いてあります」

そして見事、内定を勝ち取ると、「活動報告書」を書いてもらっている。内定先では、

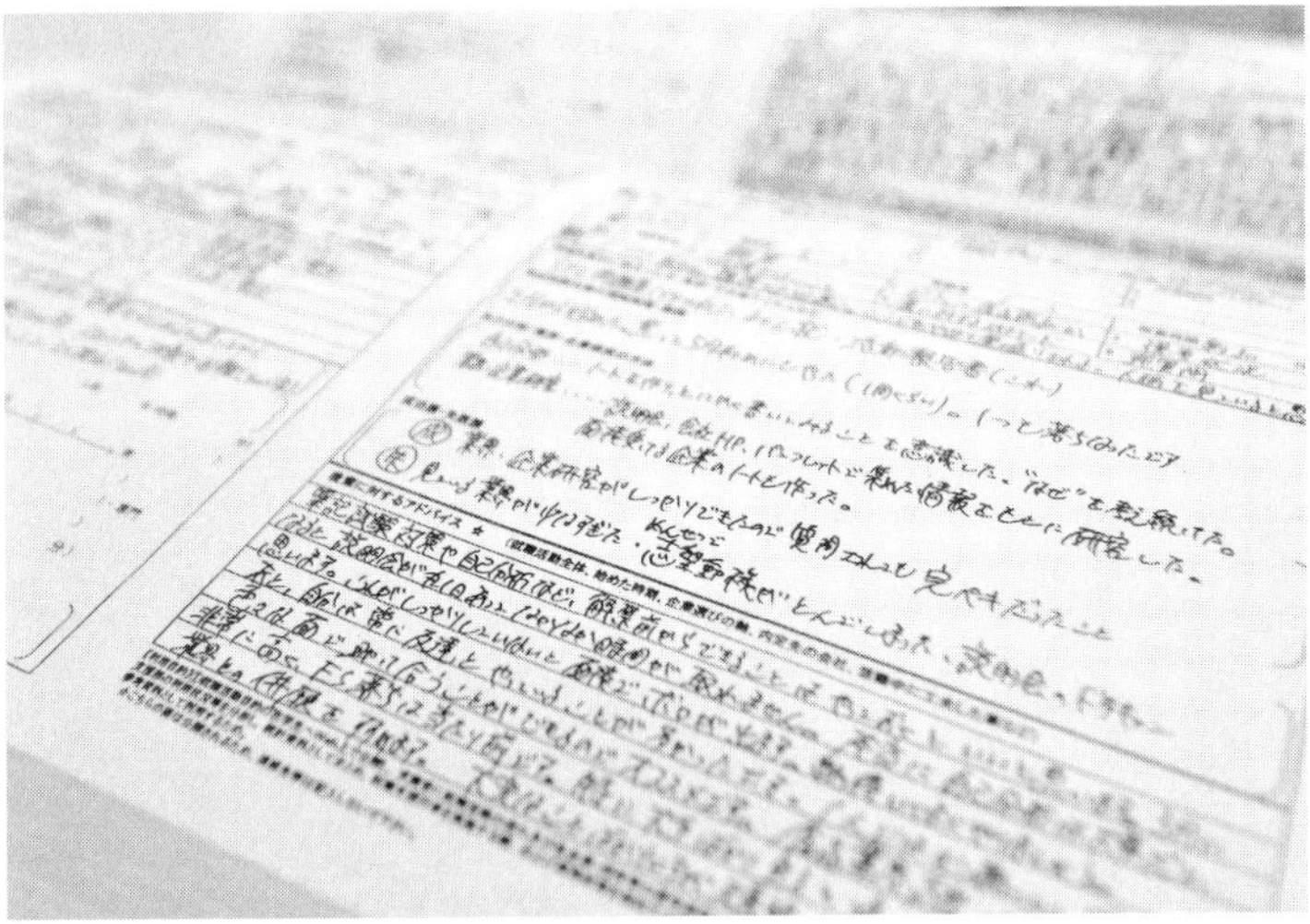

内定を勝ち取った学生が書く「活動報告書」は年間2000枚ほど集まる。スケジュールや面接内容などが手書きで書かれている。

どんなスケジュールでどんな選考が行われ、面接でどんなことを聞かれたか、といった内容を、A4用紙1枚のシートに残してもらっているのだ。

「これがだいたい年間で2000枚ほど集まります。この活動報告書を見に来る学生も多いですね。事務室の中に数年分が保管してありますし、大学内のパソコン上で検索して見ることもできます」

小林氏も言う。

「学生が、これは役に立った、と感じているようです。だから、後輩のために、僕も役に立ったので、と一生懸命に書いてくれていますね」

活動報告書は、すべて手書きだ。中には、イラスト入りで書かれたものも。

「やはり一人ひとりの味のあるものをちゃんと残したい思いがあります。そこで、手書きでお願いをしています」

こうして後輩のために一役買ってくれた学生には、大学も報いている。今回、取材に応じてくれた学生に対してもそうだったのだが、大学がお礼を用意しているのだ。

「ちゃんと予算取りをしまして、明治大学のグッズを渡しています。ボールペン、シャープペン、クリップなどから、好きなものを選んでもらって。4つ内定を取って4枚書いてくれた学生には、4つプレゼントしました（笑）」

インターンシップだけでは、次につながらない

明治大学の就職支援は、実は1、2年生から少しずつスタートしている。1、2年生が学ぶ和泉キャンパスでは4月に、昼休みを利用してキャリアデザインガイダンスを開催する。企業を招いて、課題解決型のワークショップを行ったりすることもあるという。

また、少しでも社会を知ってもらおうという取り組みをさまざまに行っており、早い段階から社会に出て行くことの意識付けをしている。1、2年生向けのプログラム

も年々、増えてきているという。小林氏は言う。

「早い段階から意識しておけば、学生生活を充実させよう、自分を知ろう、ということに気持ちも向かいます。実は今年は、参加者が行事によっては3倍も増えているんです。マインドが変わっている印象がありますね」

3年生の春には、プレ就職・進路ガイダンスが行われている。今年度は、この段階で昨年の倍以上の学生が参加したという。売り手市場と煽られているが、学生は冷静なのかもしれない。

そしてもう1つ、就職にもつながる、いろんな経験ができる、社会が見られるということで、学生に大きな人気なのが、インターンシップだ。明治大学では、このインターンシップにも力を入れてきた。

「明治大学では、就職キャリア支援センターが窓口になって、全学版のインターンシップを開催しています。全学年の学生が対象です」

夏休みを使い、企業で5日間以上の研修が受けられるカリキュラムだ。

「大きな特徴は、受け入れてくださる企業を、私たちで開拓したということです。昨年度ですと240社。今年度は約300社と覚書を交わしまして、そこに学生を送り出しています」

インターンシップは、学生自らが就職サイトやインターンシップの専門サイトなどを使って申し込む方法もあるが、なんと明治大学が主催するインターンシッププログラムをつくってしまっているのだ。オリエンテーションが行われ、試験にパスした学生には事前研修が用意され、インターンシップに臨める。至れり尽くせりの仕組みだ。

応募の要項が公開されるオリエンテーションは4月に行われるが、今年はなんと2500人もの参加があったという。

「実際に応募があったのは、約1500人。筆記試験を行い、クリアした学生に5月に研修を受けてもらい、その中から、700人がインターンシップに行きました。キャリア教育ではありませんが、就業経験を積ませる取り組みには、大いに意義があると考えています」

こうしたインターンシップ支援は、ほかの大学も行っている。ただ、予算をかけて、これほどの規模でやっている大学はまずない。

実は明治大学のインターンシップへの取り組みは早かった。インターンシップという言葉が注目され始めた、10年ほど前から行っているのだ。滝氏は言う。

「当時はインターンシップ先を探そうとしても、いまのように就職サイトに数千件も出ているような時代ではありませんでした。だったら、大学が間に入って、少しでも行ける企業を増やしていって、インターンシップの場を提供しましょう、というのが元々の考え方だったんです」

当初は、いまのように700名規模の学生が行けるようなことはなかった。受け入れる企業数が少なかったからだ。では、どうしたのか。大学でインターンシップの受け入れ先を積極的に開拓していったのだという。といっても、専属の営業担当がいるわけではもちろんない。小林氏は言う。

「毎年10月には、各企業に内定調査のアンケートをします。その際に、インターンシップに興味がありますか、というレターも合わせて送ったりしました。年明けには、担当者が電話をかけてみたり。あとは、他大学でやっていて、明治大学のインターンシップ実績がない企業を見つけたら、個別にアタックしてみたり。ただ、逆のパターンが多くて、他大学からは、明治大学はどうやってこれだけの提携企業先を見つけたんですか、と聞かれることが多いですが（笑）」

いまもインターンシップ先の新規開拓は続けられている。学生のニーズが高いからだ。

そして明治大学のインターンシップには、もう1つ特徴がある。「マッチング会」があるのだ。

「テレビCMをやっているような誰もが知っている会社なら、学生もなんとなく仕事はイメージできます。しかし、例えばB2B企業は優良企業であっても名前も知らなかったり、馴染みもなかったりする。まったく社名にピンと来ないということになると、応募しようにも迷うと考えたんです」

そこで、3年前からマッチング会を開催するようになった。駿河台キャンパスにあるアカデミーコモンの2階に大人数が入れる広いフロアがあり、そこにインターンシップに協力する企業を呼び、インターンシップを希望する学生とエントリー前にコミュニケーションをしてもらうのだ。

「企業の紹介をしてもらう場に、学生が参加します。応募のちょっと前に企業さんとふれあう場を、ということで、1週間前くらいに設定しています。学生はどうしても知っている会社に集中してしまうところがあります。だから、学生はもちろん、企業にもマッチング会はとても好評です。コミュニケーションした学生に名刺を渡したら、応募してくれた、というケースも少なくありません」

そしてもう1つ、驚きなのが、インターンシップ後に参加した全学生に事後面談を

インターンシップの応募前に、協力する企業と希望する学生がコミュニケーションをとるマッチング会が開かれる。

していることだ。約700人、全員と、である。行ってどうだったか、を確認するのである。滝氏は言う。

「企業からもフィードバックをいただいていますので、それを学生にも伝えます。そして2週間後を目安に、行った学生と、受け入れてくださった企業の方を大学にお呼びして、最後の事後報告会をしています。昨年は、学生400名。企業は200名の人事の方がお見えになりました」

どうしてここまでやるのか。

「インターンシップをやっただけでは、何も次につながりません。振り返りをして、事後までしっかりして次につなげていきたい、ということです」

これは企業からの評価も高いだろう。ここまでやってもらえれば、次もお願いしたくなる。実際、そうやって企業は翌年も継続。そして新規が加わって、インターンシップ先がどんどん拡大してきたのだ。

そして学生からも、インターンシップは好評だという。

「仕事の内容がわかった、という声もありますし、グループワークなどで他大学の学生と知り合うことができた、という声もあります。学生はそれぞれが何かを得ていますね。また、大学が間に入っているので、行く企業先も安心だ、という声もあります。あと、明治の学生の中だけで競争すればいいので、そこもちょっと気が楽だ、という声も（笑）」

インターンシップが就職にどう影響したか、という調査はあえてしていない。だが、インターンシップは行ったほうがいい、というアドバイスは学生にしているという。

他大学も思わず真似してしまった就活手帳

〝就職の明治〟への大学関係者からの注目度は、実は極めて高い。就職支援についても、多くの大学がベンチマークしている。だから、いい取り組みはどんどん他大学に広まっていく。ここ数年、その象徴的な存在となったのが、「就職活動手帳」だ。滝氏が言う。

「もともと全学部の3年生と大学院の1年生には、就職のバイブル的なものをまとめたA4判の冊子を配っていたんです。でも正直、あまり魅力的なものとはいえなかったようです。配布した段階でパラパラとめくって、それきり開かない、という印象でした。そこで、手帳の形式にしたら、学生も持ち歩くのではないか、と考えたんです」

この手帳がなかなかいいのだ。ビニールカバーがついた、しっかりしたもの。大学が学生に無償で配ったものとは、とても思えない出来映えなのだ。256ページもある。後半は、就職活動のイロハが書かれているが、前半はスケジュール帳になっていて、日常的に使うことができるようになっている。滝氏は続ける。

「2012年の秋に配布をしましたが、関東ではまだやっている大学はありませんでした。それもあって、面白い取り組みだと日本経済新聞に大きく取り上げていただきました」

滝氏はこの手帳づくりの担当者だったが、「就職の明治」らしいエピソードがある。

「九州の業者さんがご提案に見えて、これをやろう、ということになったんですが、その年の予算は取っていないわけです。だから翌年に予算を取ってもらおうと考えていたんですね。ところが、お金のことはなんとかしてくるから進めろ、と。当時の部長が財務に掛け合って、急遽、別で予算を取ってきてくれまして」

そんなにいいものなら、すぐにでも導入するべきだ、と部長に言われたのだという。

「1年でも早く、学生のために配りたい、ということになったんです。就職支援に明治が本当に力を入れている、1つの証だと思いました。ほかの部署だと、まずほとんどない話だと思いますし。また、意思決定もとても早いですね」

その年の秋に学生に配ると、大好評だった。

「いまでも学生にアンケートを取ると、8割以上の学生が使ってくれているようです。やっぱり変えてよかったな、と思います」

手帳の中の就職コーナーのところに出てきているイラストは、実は元職員の手によるものだという。高級感もあるが、手づくり感もあるつくり。小林氏は言う。

「面接の前とかに、心を落ち着けるために見てもらったら、と思っています」

思わぬ副産物もあったのだそうだ。滝氏が言う。

「会社の説明会に行くと、明治大学の学生はこの手帳を出しているわけです。あ、明治の学生だ、ということで、まったく知らない学生同士が声をかけるきっかけになるようなんです。就職活動を通じて、明治大学の学生と新たに友達になれる。そんな効果もあったようです」

表紙は明治カラーの紫紺。

「大学名が入っているので、電車の中で広げられない、という声もありました（笑）。でも、やっぱりいろいろなコミュニケーションを図る上で、役に立っていることのほうが多いと思います」

世に出てくれれば当然、他大学もチェックしている。これは、ということで、いまやほぼ同じ手帳が、別の大学の名前のものとして出始めているという。滝氏は言う。

「やれば真似をしてくる大学があると思っていましたので、気にしていません。ほかの大学でも、学生の役に立ててもらえるのであれば、それでいいと思っています。私たちは、さらに先のところを考えていましたので」

実際、明治大学は先に進んでいる。3年前に誕生したのが、今度は2年生向けにつくられたキャリア手帳だ。少し薄手になっている。2年生向けのものは、就職活動を早期から煽る、ということではなく、学生生活を充実して過ごしてもらうための、ちょっとしたヒントという意味合いにしたという。これもまた、2年生の4月に全員に無償で配布される。滝氏は言う。

「こちらは3年生に比べると、使っている割合はまだ5割いかないくらいだと思っています。でも徐々に増えている感じですね。意外だったのは、いまの学生はスマホでスケジュール管理をしているのかと思いきや、手書きの手帳をかなり使いこなしているということです。最初のマス目に、びっしり予定を書いている学生も少なくないですね」

明治大学の就職支援は、またさらに進化していたのだ。

なぜ「就職の明治」と呼ばれているのか？

そもそもなぜ明治大学は「就職の明治」と呼ばれるほどになったのか。１つあるのは、キーマンの存在だ。１９８０年代、就職事務部長に就いた西功氏である。西氏は、明治大学の就職についてかなり力を入れる。就職に関する本も出版している。

また、全国私立大学就職指導研究会を立ち上げ、私立大学全体で就職をよくしていくための取り組みを進めた人物だった。西氏の時代に、明治大学は就職指導の力をつけ、「就職の明治」と言われるだけの実績を残し始めるのだ。

その1つのスタイルが、先にも紹介した個別相談、カウンセリングのスタイルである。小林氏は言う。

「専任の職員がしっかり学生と向き合うことで、学生の状況の把握力は大きく違ってきます。だから、そこにはこだわっていますね。ただ、全員、専任で揃えられるのかというと、ちょっと厳しい面もあるので、特別嘱託の方にもお願いしています」

そして、セミナーや行事に関しても、窓口も含めて外部の業者に丸投げしたりすることはしない。いまでは、就職支援関連の業者はたくさんあって、大学によっては自分たちの手間のかからない外部業者に委託しているケースも少なくない。しかし、明治大学は基本的に学内でやっている。滝氏は言う。

「まったく入れていないわけではありませんが、基本自分たちで、手づくりでやれるものはやっていこう、と考えています」

100ほどもある講座もそうだ。例えば、グループディスカッション講座なら、職員が講師役になって行う。

「私たちは専門家ではありませんが、こういうところが見られているよ、という指摘はできます。350人ほどの学生が参加して、実際に学生にグループディスカッションをやってもらうわけですから、大変です。ただ、模擬面接もそうなんですが、一般的な視点でいいと思っているんです。協調性や主体性、積極性。こういうところが見られているよ、と。同じような講座を外部業者に丸投げしている大学は、とても多いと思います。しかし、学生と接点を持つことでしか、その年の学生の本当の考え方や傾向はわからないんです」

時代は刻々と変化している。学生の考え方は、毎年毎年、少しずつ変わっていくのだという。それを理解していなければ、学生のニーズにマッチした的確な講座はつくれないのである。

もう1つ、「就職の明治」を支えているのが、OB・OGだ。充実した就職支援でお世話になったOB・OGだからこそ、現役学生への応援する気持ちは強い。滝氏は言う。

「後輩への面倒見は、本当に素晴らしいと思います」

社会人を招く学内セミナーには、OB・OGがかけつけてくれることも多い。そして、明治大学の就職支援に向かう懸命さは、OB・OG以外の社会人の気持ちも動かすのかもしれない。講座の応援もそうだが、多くの企業が明治大学の学生の就職を支援しているのだ。滝氏は言う。

「毎年2月上旬、40～50社の企業の人事担当者に来ていただいて、模擬面接をやってもらっています。その場で、『君はこういうところを直したほうがいいよ』なんてアドバイスがもらえたりする。人事担当者本人ですから、極めてリアルな指摘です」

協力してくれる企業は、お付き合いのある企業だという。

「でも、企業にとっての旨みはまったくないんです。模擬面接をした学生を自分たちのところで優先的に採用できる、なんてこともない。本当に善意のもとでやっていただいているんです」

そして新しい取り組みにいまなお続々と挑んでいる。例えば、2017年は、9月に「〝インターンシップ&グローバルキャリア〟プログラムｉｎベトナム」が行われた。これは、大手文具メーカーの協力のもと、「ベトナムにいまだない文具を販売せよ」というミッションを、関西大学と競う、というもの。パートナーは、ホーチミン工科大学だ。滝氏は言う。

「実際にどのような文房具がベトナム人に受け入れられるのかマーケティング調査をして、売る文房具を選び、関西大学と明治大学でどっちが売り上げを出せるか、という競争をするインターンシッププログラムです。費用はかかりますが、実際にベトナムに行って、現地を視察したり、ベトナム人学生パートナーとディスカッションをしたりしていきます」

今回は、3年生10名に加え、1年生、2年生がそれぞれ3名ずつ、計16名が決まった。費用は1人あたり、26万円。別途、大学から奨学・補助金が支給される。そして、現地では、ベトナム駐在中の明治大学ＯＢとの交流の時間も設けられている。

大学同士の競争というのも含め、いまは大学主催でこんな取り組みまであるのか、と驚かされた。学生は本当に貴重な経験をすることができるに違いない。

なぜ「就職の明治」なのか。お二人への取材、さらには就職キャリア支援事務室への見学などを通じて感じたのは、職員が何より一生懸命で、楽しそうだということだ。それこそが、明治の強さの秘訣かもしれない、と感じた。滝氏は言う。

「仕事は楽しいですね。それこそ、異動していった職員は、ここがやっぱり最高に楽しかったとみんな言います。何より目の前で学生さんが成長していく姿を見ることができる。企業に向けての活動でも、一生懸命やっていることが、目に見えて成果につながっていくことがわかる。それは、大きな仕事の醍醐味ですね」

実際、ありがとうございました、と泣きながら内定報告に来る学生も少なくないという。そしてもう1つ、明治大学のオープンな姿勢だ。いい取り組みは、どんどん真似してもらってかまわない。その姿勢は昔から変わらないという。

「全部オープンですよ。他大学の方がお見えになれば、すべてお伝えしています。他大学の学生も含めて、学生みんながいい就職ができていければ、と思っています」

内定を得た4年生は、いかに支援を使ったか

最後に、実際に就職支援を受けた大学4年生、3人の声をお届けしておこう。1人目は、商学部の鈴木明日香さん（仮名）。就職支援は、徹底活用したという。

「いろんな業界別のセミナーに行ったり、実際の社員の方のパネルディスカッションを聞いたり、自己分析だったり、エントリーシートだったり、いろんなハウツーを学びに行っていました」

そして最も活用したのが、個別相談だった。

「今日は何かしたいな、と思ったらセンターに行って、その場で相談予約をしていました。けっこう幅広くいろんな相談をしていました」

なんと、50回以上、行ったのではないかという。

「一番知りたかったのは、採用目線でした。エントリーシートで何を評価しているのか、面接のときに何を見ているのか。それを教えてもらいたくて」

エントリーシートをどうつくるか、書き方、添削、修正に始まり、自己PRなど、いろいろ相談したという。

「あとは模擬面接です。エントリーシートを出すと、面接みたいに質問してもらえる。それに答えていく。社会人はどういうところに興味を持つのかも知ることができましたし、なるほどこんな質問は想定していなかった、ということも聞かれるので、とても勉強になりました。自分だけでは想像がつきませんでしたので」

ガイダンスがスタートしたあたりでは、それほど混んでいないが、だんだんと学生が増えていくという。入り口で、面談予約をするシステムになっているが、ピーク時には2時間待ちだったとか。

「あとは、OB・OGに助けてもらうことも多かったです。ゼミの先輩だったり、イベントで会った社会人の人だったり。まったく知らないというより、つながりのある人でしたので、お願いします、といろいろ相談したり、見てもらうことができました」

最終的に、人材系とメーカーに内定を得た。

政治経済学部4年の高橋翔太さん（仮名）は、第一志望の製薬メーカーの内定を獲得。グループディスカッションの講座に行ったり、業界研究、社会人の先輩が出てくる講座にも行ったというが、やはり印象に残っているのは、個別相談だという。

「エントリーシートの添削をしてもらったのと、模擬面接をしてもらったのと、あとは第一志望の会社の最終面接の前に寄りまして、元気づけてもらいました」

使ったのは、第一志望の会社対策。模擬面接は、実際のエントリーシートでやってもらったそうだ。選考が進んでいくと、やはりいろいろ不安が募り始めた。そこで最終面接の前に寄ることにしたという。自分の話を聞いてもらえるだけでも、落ち着くことができたのだそうだ。こういう個別相談の使い方もある。

「第一志望の会社には、サークルの先輩がいました。3年生の冬に、その会社のインターンシップに参加したりもしたんですが、先輩にもずいぶんサポートをしてもらいました。個別相談に行ったのは、その先輩に勧められたからです」

過去の先輩たちが書き残していった活動報告書の存在も先輩に聞いたのだという。これは使える、と感じた。

「面接でどんなことを聞かれたか、何を重視している会社なのかなど、いろいろ見ることができましたので。しかも、複数年度ありましたから、役に立ちました」

インターンシップにも参加し、第一志望ははっきりしていたが、いろんな会社を受けた。エントリーしたのは50社。エントリーシートを出したのは30社。メーカー、金融、あまり絞らなかった。

「一社に絞る怖さもありましたし、どんな会社、仕事が自分に合っているかもわかりませんでしたので」

売り手市場とはいえ、やはり就活は大変だったと語る。

「エントリーシートだけでも切られたりしますから、だんだんと持ち駒が減っていくんです。これがプレッシャーでした。あとは、企業の情報をどう客観的に見極めるか。それが難しかった。エントリーシートを書くのもしんどかったですし、体力的にも精神的にもきつくて、5月くらいから、ため息が多かったです」

両親にも相談をしていた。好きなことをやっていい、お前なら大丈夫、という言葉が心に沁みたという。ちなみに高橋さん、学部の留学プログラムで1カ月間のスペイン留学を経験している。

同じく政治経済学部4年の田中大輝さん（仮名）は、志望業界すら決められない中で、就活をスタートしてしまったと語る。

「情報解禁されて3月にはみんないろんな説明会に行くんですけど、僕は説明会に行ったのが、20社くらいしかなくて。エントリーシートも4月の中旬くらいに初めて出す、みたいな感じでした」

最終的には大手自動車メーカーと電子部品メーカーに内定を得たが、これは明治大学の就職支援のおかげだったと語る。

「エントリーシートを添削してもらったりもしましたが、一番大きかったのは、元気づけてもらったことです。やっぱりものすごい不安だったんですよね。個別相談以外でも、受付の人に、くだらない質問とかをよくしていて。それでリラックスできた。だから、しょっちゅう通っていました」

個別相談では、志望軸を定めることができた。

「社会人として何がしたいのかが漠然とし過ぎていたんです。だから、エントリーシートの添削も、かなり厳しくしてもらって。でも、いろいろ話しているうちに、どうして漠然としていたのかがわかったんです。1つの業態に縛られてしまうのが嫌だった、ということ。そこにはっきり気づかせてもらえて」

そこから、幅広く社会貢献できる企業、というキーワードが生まれた。そして、幅広い事業を展開する、いろいろな顔を持っているメーカーに絞ることができたという。

「一番多いときは2週間くらい毎日、行っていました。2時間待つこともありましたが、いろいろ中で調べ物もできますし、外出もしたり。思うように気持ちを定められないストレスの発散になったし、だんだん安心感が増していきました」

最終的に納得いく就職活動が送れたと語る。実は田中さん、現役で合格したとき、浪人してでも第一志望だった早稲田大学を受け直すか迷ったのだそうだ。

「でも、大学教授をしている叔母に言われたんです。明治はいますごく就職がいいから入っておいたほうがいい、と」

叔母の言葉は正しかった、と感じている。

PR STRATEGY

第6章

偏差値ではかれないポジションを狙え！

伝える広報から、伝わる広報、共感される広報へ

大きく変わった明治大学のブランドイメージ。その背景に、大学の「見え方」の変化があったのは間違いない。端的にいえば、広報戦略だ。先に広報改革があったことを書いたが、その後の明治大学の大学広報はどんどん進化を遂げていった。

その基本的なスタンスがこれだ。

「伝える広報から、伝わる広報、共感される広報になることです」

こう語ってくれたのは、広報改革のキーマンの1人であり、元広報で現在は大学支援事務室の野見山智道氏である。

かつての大学広報が何もしていなかったわけではない。伝えようと努力をしていたに違いない。だが、それが本当に伝わっていたかどうか、というのは別の話だ。このあたりをどのくらいシビアに見つめられていたか。

2009年に明治大学の職員になった野見山氏は、実はプロ野球の日本ハムファイターズの広報職から転じている。

広報のプロフェッショナルを外部から採用することで、戦略的な広報体制や、法人部門と教学部門が連携を深めながら効果的な広報活動を推進していく全学的な流れをつくっていったのだ。

実は広報改革の芽はそのずっと以前からあった。大学広報に課題があるのではないか、ということで議論が始まり、２００３年に生まれたのが、広報改革戦略ワーキングプロジェクトだった。広報を強化しようという流れは、こんな時期から始まっていたのだ。そこから、外部の人材採用の話が進んでいく。

「キー局で活躍しているアナウンサーなど、マスコミ関係の方、10人から20人ほどにいろんな意見を聞いたりするワーキングプロジェクトが、３年くらい行われていました。そこから広報担当の常勤理事が初めてできたんですね。それで当時の広報管理職が、広報強化のために、将来的に2、3名、広報の軸になるような人間を雇いたいということで人事に申請し、外部から募集しようという話になったようです」

こうして２００９年の中途採用につながる。野見山氏が、当時、勤務していたのは、札幌。東京勤務を希望していたことが、転身につながった。野見山氏は、札幌に移転した日本ハムファイターズの広報担当として、ヒルマン監督付きで北海道に種をまき、人気躍進の一翼を担っていた人物。後に大リーグに進んだダルビッシュ有投手の〝教育係〟としてテレビに登場したこともある。

ほかにこのとき、新聞社出身とメーカー出身の3人が採用されている。

広報改革で最初に進んだのは、築かれてきた広報の伝統を踏まえて業務体制と風土を変えることだったという。当時もいまも、広報スタッフの人数は課長を入れて15人。だが、仕事のスタイルは大きく変わっている。かつては、定期的な広報誌の制作を除くと、イベントや行事の告知が多かった。だが、意外にも大学の原点に立ち戻った広報を強化したのだ。

「教学の広報を強化しました。高等教育機関ですから、教育・研究の分野でもっと情報を出していきたかったんです。ヤフーニュースと提携している『メイジネット』の展開、教学にかかわるプレスリリースを重視していきました。大学ブランドに不可欠な教育や研究にかかわる情報発信が弱かったんです」

ここで、2009年以降、プレスリリースを年間8本から100本以上に拡大させていく。

「そのために、職員向けに広報業務説明会を開くようになりました。各部署、各学部で眠っている情報、これはと思う情報があったら、広報にすぐに教えてほしい、と。どういう内容が記事になったり、PRにつながるか、という事例を踏まえて、伝えていきました」

まずは、職員全員が広報マンだという意識を高めていったという。そして、もちろん教員向けにも取り組みを進めた。教育、研究で広報を強くしていく必要があったため、初めて「広報ブランドブック」や「研究成果の報道発表の手引き」をつくり、全教員に配布したのだ。

「熱心に研究している先生方も多いですが、外に情報を発信するには、どうすればいいかわからない、というケースも少なくなかったようです。だから、発信されていなかった。ただ、関心を持たれている先生も多かった。報道発表の手引きには、どんな道筋でプレスリリースがニュースとして報道されるか、わかりやすく書かれていましたから、その後の反響が大きく、どんどん増えていきました」

プレスリリース自体は、広報が発信していく。そうすると、それが新聞記事になって取り上げられたりする。

「となれば、自分もやってみよう、ということで、好循環が拡大していったんです」

教員、職員の広報意識を高める取り組みで、教育・研究の広報比率を高めていく。いまは、教学の広報が以前より倍以上になっているという。

「職員が所属する各部署には、広報連絡員が配置されています。その部署で、何か広報につながりそうな情報があったりしたら連絡をもらったり、逆に広報側から何かニュースはないか、聞いたりもします。そんなふうに、組織的に全学を挙げた広報体制ができあがっています」

ブランドイメージはつくり変えることができる

こうした広報体制の変革のベースにあったのが、大学自体の改革意識だった。法人サイドの明治大学長中期ビジョン、教学サイドのグランドデザイン２０２０に基づいて、戦略は組まれていた。大きなテーマは、大学の外部評価を高める、ということだ。

だが、一口に大学の外部評価を高める、といっても、さまざまな切り口がある。明治大学の広報戦略では、それが何なのか、に立ち戻って議論をしている。ただ、ぼんやりとイメージを上げる、といったことではなく、こうなっていたい、という姿をはっきりと描いて、そこに向かって進んでいったのだ。

「大学のブランドが、日本では偏差値のランキング中心で形づくられているようなところが、もともとあったわけですね。まずは、それを変えていくことはできないか、ということから始まりました。大学法人としても、教学としても、目指していたのは、『世界のトップスクール』ということでした。では、トップスクールを目指すのであれば、日本の私学の中で、リーダー的な存在にならなければいけないのは、間違いありません」

日本の私学の中でのリーダー的存在といえば、すでに早稲田、慶應というブランドが確立されてしまっている。

「現実として早慶は、すでに外部評価としてのブランドが確立しています。よく早稲田の大隈重信、慶應義塾の福澤諭吉と有名な創立者が対比されます。明治は、次代の世界を担う人材を育てたい、と熱意ある青年法律家がつくった大学です。そこで、別の第三軸のブランドで、早慶とはまた違った形で、トップレベルの大学たる明治大学をつくることができないか、ということになるわけです」

そのために考えたのが、明治大学のポジショニングを変えていくことだったのだ。ただイメージを変えていくのではなく、目指すべき新しいポジショニングに変えることとを考えたのである。

「そうするために、あらゆる手段を検討して、ブランドを上げるプロジェクト的な方向をやっていこう、と。それこそ偏差値を上げるというのは、学部のほうでの努力になると思いますが、広報としてはポジショニングを変えて、入学したい大学に変えていくということを考えたんです」


先にも書いたが、かつての明治大学は、バンカラな男っぽいイメージだった。首都圏の大学でいえば、早稲田や法政、中央のイメージ。一方で、華やかな印象を持っているのは、ミッション系でもある上智、立教、青山学院。

「もともと男っぽい部分を、華やかなところで少し中和することができないかな、ということです。そうすれば、独自のポジショニングが築けるのではないか、と」

実際、実は華やかなイメージのある学校では、それはそれで悩みがあるという。男子にもっと来てもらえたら、と考えているというのだ。背景にあるのは、女性の社会進出が進んだといっても、まだまだ結果が出てくるのはこれからだ、ということ。OBの活躍という面では、大きく広報することがなかなかできない。

一方で明治大学では、過去に著名なOBをたくさん輩出している。経済界で活躍しているOBも多い。その活躍を先輩の姿ということで、どんどんアピールできるわけだ。それまでに明治大学が培ってきたものを使い、新しいポジショニングをつくることができれば、早稲田とも慶應とも違う、新しいポジショニングを持つ日本のトップレベルの大学をつくれると考えたのだ。

そしてここで、広報を徹底活用したのである。日本ハムファイターズでの経験を持つ広報のプロ、野見山氏はこんなことを語る。

「航空会社のキャビンアテンダントは、人気の職種で、華やかなイメージがありますよね」

実は海外では、必ずしも日本のようなイメージが持たれているわけではない。日本のキャビンアテンダントの就職人気に、驚く外国人もいる。

「では、どうして日本ではこれほどまでにキャビンアテンダントが華やかなイメージなのかというと、広告戦略のうまさがあった、と聞いたことがあるんです。それは、本物のモデルを使った、ということです」

実際にサービスを提供している人たちを出したのではない。モデルを使っていたというのだ。

「そうやってイメージは定着していったんですね。要するに、そのくらいイメージは重要だということです」

つまり、イメージはつくり上げることができる、ということだ。明治大学は、まさにこれをやっていくのだ。もっとも、プロのモデルを使ったりはもちろんしていない。

「大学のブランドイメージには、さまざまな指標はあるんですが、1つフォーカスしたのが、女子が入りたくなる大学、だったんです。実際に、そのイメージをつくり上げるべく、広報戦略を構築していきました」

ここで、キャンパスの斬新さやパウダールーム、さらには女子教育のフロンティアだったことなど、女子にウケるネタが活きてきたのは、言うまでもない。リバティタワーを建てた当時の理念、もっといえば、大学の創立の理念が、こんなところにつながっていったのだ。

広報のメインターゲットは、女子高生

では、どのようにして、女子が入りたい大学に仕立てあげていったのか。バンカラな大学を、上智や立教、青山学院に近づけていったのか。プロのモデルを使ったわけ

ではない。やみくもに大々的な広告をどんどん打っていたわけでもない。キーワードは、情報価値の最大化と知覚品質だ。野見山氏は続ける。

「まず、親の世代のイメージを変えるのは、極めて難しい、ということに気づいておく必要があります。親世代は、自分が入試を受けた頃のイメージをずっと引きずってしまうんです。大学のイメージというのは、自分が入試のとき、あるいは子どもが入試のときに触れる機会がほとんどなんです」

そこで重要になってくるのが、これから入試を受ける子どもたちに新しいイメージを発信していくことだ。

「大学広報は、大学によっては入試広報と完全に分離している大学も多いんですが、明治大学は昔から入試広報の部分も、マス媒体は広報が役割分担で持っていました。ですから、高校生に向けて、新しい明治大学を発信していくことができたんです」

そして、ここで出てくるのが「情報価値の最大化」だ。

1998年のリバティタワー建設から、少しずつ明治大学のイメージは変わり始めていた。それを敏感にキャッチしたのが、タレントや女優の入学だった。2000年代半ばのことだ。まだ、明治大学の人気が爆発的になる前である。

その意味では、このタイミングで明治大学を選んだ芸能人たちのセンスのよさ、情報感度の高さを思う。先にも書いたように、大学選びも、彼ら彼女らには重要なブランディングの1つのはずだ。そのときに、明治大学という選択が後に武器になっていくことを、このときに見抜いていた、ということになるからだ。

そして、彼ら彼女らの在学がニュースになると、少しずつ明治大学に異変が起き始めた。

「入学する前はそうでもなかったのに、在学中に、ちょうどテレビやドラマで活躍するようになったタイミングもあったのだと思います。モデルのような学生が少しずつ入って来るようになった。本当のモデルさんも多く在籍を始めたんです」

明治大学にモデルがたくさんやって来た、というのは事実だった。その事実を情報として最大化して発信していったのだ。

「実際に、『JJ』や『CanCam』などの人気の女性ファッション誌で活躍している在学生がいました。彼女たちは在学生ですから、いろんなマス媒体に出ることで、PRをお手伝いしてもらえました」

媒体を見るのは高校生たちだ。明治大学在学中のモデルが出ていたりすれば、イメージがそんなふうに植え付けられていくのは、言うまでもない。親世代と違い、彼ら彼女らにすれば、大学のイメージを初めて知るのが、入試のタイミングなのだ。ここで、新しい明治をどんどん打ち出していったのである。しかも、事実ベースで。

そしてもう1つ、大きく打ち出したのが、キャンパスだった。リバティタワーをはじめ、キャンパス変革は、「きれいな女性たちがたくさんいる大学」をさらに後押ししていったのだ。

「実際に入学した女子学生にたくさん話を聞きました。そうすると、キャンパスの印象がとてもよかった、と語っていたケースは少なくありませんでした。都会的な感じがして、ぜひここで学びたい、と。中には、地方の旧帝大や横浜国立大学に合格していたのに、キャンパスに惹かれて明治に来た、という女子学生もいました」

おしゃれな女子学生がいれば、男子学生も来る。そして同性の女子には、おしゃれ、きれいといったキーワードがインプットされていく。

「ブランドの概念でいう、感覚の部分です。知覚品質ですね。明治大学はブランドイメージが上がっていると言われますが、この部分が変化してきているんです」

こうして、おしゃれな大学ランキングに、コンスタントにベスト10入りするようになっていったのである。

その意味では、明治大学のブランドイメージは2段階でアップした、といえるのかもしれない。リバティタワーの建設で、明治のブランドイメージが変わっていくと見たタレントやモデルなど情報感度の高い女子学生が集まって来た。

そして次に、そうして集まって来た女子学生という情報価値を最大化し、大きく打ち出していって、まだ大学イメージをあまり持っていない高校生たちにアプローチしていったのだ。2つの相乗効果が、志願したい大学ナンバーワンを生み出したのである。

そしてもう1つ、実は明治大学は内部に向けてもブランディングの取り組みを推し進めていた。インナー広報、大学内に向けた情報発信、そしてカルチャー変革だ。学生はもちろん、教員、職員も含めて、である。そのツールの1つになったのが、在学生向けの冊子『M-Style』(現在、「メイジナウ」としてウェブ化)である。

「8ページから12ページほどの冊子でしたが、表紙はいつも、在学中のおしゃれな学生にお願いしていました。2月と8月以外、毎月発行していました」

表紙だけではない。情報誌としての中のつくりも、先端のファッション誌を担当者が徹底的に研究し、内容も見た目もハイレベルなものにしていたという。広報が学内で配布するものに、ここまでこだわっていたのだ。

だが、そうなれば内部でも「なるほどいまの明治大学というのは、こういうところなのか」となる。学生も教員も職員も、さらにアップしたイメージの明治大学を自分たちの中に浸透させていくことになったのである。

出稿媒体ごとにテーマを変えろ！

20年ほどでブランドイメージが大きく変わって「きれいな女子がたくさんいる華やかな大学」となったばかりでなく、高校生が最も志望したい大学ランキングの1位になったのが、明治大学。これほどまでに大きく変わったのだから、さぞや広告費もたくさん使っていたのでは、と思いきや、まったくそんなことはなかった。

「以前、大手広告代理店が調査した学生1人当たりの広告予算ランキングを見たことがあるのですが、明治大学は上位にはありませんでした」

巨額のお金を新たに投資してブランドイメージをつくり上げたのではない。それまでと同規模の予算で、中身を変えていったのだ。実際、メディア露出に関しては、極めてシビアに見ているという。

「これはあまり他大学ではやっていないかもしれませんが、毎年、広告会議を開いています。これは、どの媒体なら自分たちの伝えたいことを効果的に出せるのか、検討する会議です」

ここでは、媒体の力を徹底検証し、さまざまな指標で判定していくのだという。

「例えば、高校生に配布している媒体はもれなく、といきたいところですが、高校生への配布媒体といっても、いろいろあるわけです。そこで、細かく発行部数をチェックしたり、対象がどんな高校なのか、どんな範囲にわたるのか、さらには競合校がどのくらい出ているのか、といったことを確認していますね。その上で、やるのかやらないのか、やるならどこまでやるのかを決めていきます」

予算も限られている。無駄な出費はできない。最大の効果を最小のコストで出していこうということで、始められた取り組みが、この広告会議なのだ。

実際、新聞に広告を打ち出すにしても、それぞれの新聞で何を伝えるか、何を打ち出すかを変えている。媒体を使い分けているのだ。読者層が違ってくるからだ。

「日本経済新聞であれば、例えば、企業のトップの方々に対して、明治大学はここまでブランド力が上がってきていますよ、という内容を中心に打ち出したりします」

経営者や人事部門などビジネスパーソンがたくさん読んでいる新聞なら、学生の就職にもプラスになるような情報、さらには彼らが自分の子どもを入れたくなるような情報を発信していく、というわけだ。

「読売新聞でしたら、例えば、より親しみやすく、スポーツをテーマに明治大学の教育が文武両道であることを打ち出していく」

実際、こんな広告があった。甲子園の決勝で対決したバッターとピッチャーがそれぞれ明治に入学。チームの1番打者として優勝の原動力になったバッターは商学部に入学したが、野球はきっぱり辞め、公認会計士になりたいと勉強に取り組んだ。

一方、準優勝チームのエースは野球部で活躍し、ドラフト1位指名を受けてプロ野球の世界に入った。

同じ甲子園の決勝で闘った2人が明治大学の教育を受け、片や在学中に公認会計士に合格。片や大学全日本代表になり、ドラフト1位になったのだ。

「両者をうまく対比させて、読売新聞紙上で、明治の教育というのは、こんな学生がいて、『個』を強くしている、と記事広告にしました」

そして、朝日新聞になるとまた違う。

「教育関係者も多いので、大学の強みとしての研究力などを打ち出すことを考えます」

実際に打ち出されたのが、例えば数学界の第一人者である数学者で総合数理学部の砂田利一教授と日本を代表する進学校の灘高校、東大寺学園高校とのコラボレーション記事だった。

「地方でブランド力のある高校とコラボレーションをすることで、明治大学の教育・研究力を訴求することを考えて打ち出した企画でした」

そして、こうしたメディア展開を行う際には、世の中の動向も理解する。時代はどんどん変わっていく。人々が求めるもの、興味を持つもの、必要とするものも、大きく変わっていくからだ。

「大学選びも、偏差値だけではなくなってきていますね。中身をしっかり見るようになっている」

実際、リクルート進学総研の調査では、教育力、学生サポート力、就職支援、研究力、人材輩出力、周囲の評価、校風、雰囲気、施設が重要なキーワードになっているという。

「ですから広報としても、しっかり中身を伝えなければなりません。具体的な大学の中身を抽出することで、ポジショニングを上げていく必要がある」

そこで求められてくるのが、具体的な大学の強みをしっかり自分たちで認識できているか、ということだ。ここで、特に明治大学が1つの強みにしたのが、人材輩出力だった。OB・OGの活躍だ。

「明治大学には約55万人の卒業生がいます。そして、本当にいろいろな活躍をしている人たちがいる。例えば学生時代に国際交流サークルを立ち上げたり、学園祭でボクシングのチャンピオンになったりして派手な活動をしていた人がパイロットになっている。学生の人気企業1位によく名を連ねる会社で活躍している。そういう方々をご紹介していくこともできる。明治大学に入ったら、こういう未来がありえますよ、というイメージを伝えていく」

先にも書いたが、もともとのバンカラ気質に華やかなイメージが加わったという、独特のカルチャーがあるのが明治大学なのだ。女子学生は、ただ華やかできれいなところに惹かれているのではない。それであれば、他大学でもいい。

しかし、明治大学には、明治大学にしかない華やかさがある。その1つが、OB・OGの活躍なのだ。とりわけキャリア志向の女子には大いに響くことは想像に難くない。ほかの華やかな大学にない特色、明治大学ならではの「知覚品質」を打ち出せるのである。

「めいじろう」、ゆるキャラグランプリに出場

一方で、大きな話題づくりを狙った思い切った取り組みにも挑んできた。例えば、ＡＫＢ48の1日教授。２００９年のことだ。

「これから人気が出そうだ、というＡＫＢのメンバーと、ＣＳテレビとコラボレーションをしまして、1日教授になって講義をしてもらったんです」

明治大学は国際日本学部でクールジャパンを強化している、ということでＣＳ番組から提案がやってきた。ＹｏｕＴｕｂｅでは大きな話題になり、6万回を超える視聴回数になっている。

「もういまはトップになっているメンバーたちが、学生に人生論を語る、といったテーマの講義でした。いまも、関心のある人たちが見ているみたいですよ。ただ、明治大学の情報を冒頭で5分入れる、という約束をしていろいろなやりとりをしていたんですが、オンエアを見たら15秒くらいしか入っていませんでした（笑）。大学の紹介が、だいぶ省かれてしまいまして（笑）」

他大学からは、明治大学は思い切ったことをやるな、と言われたという。あれは明

明治大学の公式キャラクター「めいじろう」。着ぐるみもあって、オープンキャンパスなどで大人気になっている。

治大学でしかできない、と。

最近では、話題になっているのが、大学では珍しい「ゆるキャラ」の存在だ。明治大学は2001年、創立120周年に向け、新しい一歩を踏み出すために「120年の伝統を受け継ぎ、新世紀に向けて大きく飛躍・上昇する明治大学」をイメージして、大学マークを作成している。明治大学の「M」をモチーフにしたシンボルマークだ。

そして2007年には、公式キャラクターを公募。学生や教職員から寄せられた応募作品の中から生まれたのが、「めいじろう」である。当初は広報課のキャラクターだったが、2009年に〝昇格〟

して大学公式キャラクターに。しかも、着ぐるみまであるのだ。オープンキャンパスでは、着ぐるみの「めいじろう」が大人気になっていた。

そしてこの「めいじろう」、なんとゆるキャラグランプリに出ることになったのだ。広報課の丸山氏が語る。

「実は以前は、ゆるキャラグランプリに出るなんていうのは、大学がやるものではない、という空気があったんですね。ところが、もっと広く大学を知ってもらいたい、明治の親しみやすさを理解してほしい、という目的で出したい、という話をしましたら、否定的な意見もなく通りまして」

こうした思い切った取り組みもそうだが、そもそもブランディングも、広報戦略も大きく変えてしまったのが、明治大学だった。大学という伝統的な組織で、どうしてこんなことが可能だったのか。いわゆる抵抗勢力が出てこなかったのか。これについては、野見山氏が言う。

「なかったですね。いまは広報戦略本部、広報センターなどしっかり組織もできあがっています。ここで議案として出して、承認されていれば、ほかから何か言われることもありませんでした」

当時はほかの部門にいたという、広報課長の丸山氏も言う。

「働いている中で、広報がだいぶ前に出てくるようになったな、という印象はありましたね。大学の内部向けの広報誌にしても、昔は縦書きで堅苦しかったものが、横書きで写真を多用したカラーのビジュアルのものになって、『お、広報だいぶ頑張っているな』という印象を受けました」

うまくいった背景には、いろいろな人や部門を巻き込んでいったことがあるのではないかと語る。

「かつてはそれこそインナー向けの業務しかやっていなかった印象でした。それを、全学的に委員会などを立ち上げて、教員を巻き込む形で組織にした。さらに外部の人間を雇い、新しい血を入れて活性化していくことができたんだと思います」

実は、かつての広報は50代、60代の職員が中心だった。組織としてあまり活性化していなかった、といえるかもしれない。野見山氏らの入社後、それが変わっていく。

「若手が多くなりましたね。ですから、若手でまず考えよう、というのを意識していました。考える広報、というのも、1つのキーワードでしたね。ある程度はヒントを出しながらも、どんなふうに最後は持っていくかというところは、みんなで考えていこう、という組織でした」

それこそ大学の外から転身してきたときは、大学はもっといろいろできるんじゃないか、という歯がゆい部分がずいぶんあったらしい。

「でも、そのぶんやりがいはありましたね」

そして当然のことではあるが、ほかの領域でもそうだったように、他大学から明治大学の広報が大きく注目されることになった。真似されることもあったのだそうだ。

しかし、ここでも、明治大学のスタンスは同じ。情報は、惜しげもなくオープンにしている。野見山氏は、さまざまな場に呼ばれ、講師として話をしてきたこともあるという。丸山氏は語る。

「私立大学連盟に加入している17の大学で、広報会議を行っていますが、やはり明治大学の広報の取り組みは注目されています。ですので、話を聞かせてほしい、という相談をよく受けます」

大学はまだまだ変えられる

ブランドイメージの大きな転換に成功した明治大学。しかし、大学はまだまだ変えられる、と野見山氏は語る。

「まだまだ伸びしろはありますね。民間企業ですと、うまくいかないと倒産してしまう。銀行にしても、どんどん合併してメガバンクになりました。私学というのは、建学の精神があって成り立っていますので、教育機関の合併というのは現実的ではないかもしれませんが、何が起きるかはわかりません。そんな中で、明治大学が、大学界を牽引していく存在でなければなりませんから、何かしら新しいものを生み出していく、ということを継続してやっていかなければいけないと考えています」

背景にあるのは、危機感である。そしてそれは、「これこれはこういうもの」という固定観念を打破しなければいけない、ということだ。先に書いた「MARCHからARCHへ」についても、「MARCHはもうやめよう」と言い出したのは、実は広報なのだという。教育評論家などにも、主張してきた。

首都圏、いや日本の大学のある意味、第2グループとして、存在しているのがMARCHだ。上があるとはいえ、二番手の名門、一流大学なのである。そこには、第2グループとしての誇りもあるだろう。日本で上のほうに数えられる大学なのだ。しかし、このくくりに安住していたら未来はない、と考えているのだ。

「とはいっても、早慶と並ぶまでは、なかなかいきません。それとは別のところで、明治は明治のブランドで、早慶に並ぶ代表的な私立大学の1つを目指して取り組みを進めていかないといけないんです」

実際、明治には明治の強みがあるのだ。

「経営戦略論的には、早慶にないものでは、農学部があったり、数理科学の強さがある。中野キャンパスにある国際日本学部と総合数理学部は、とても面白い教育を行っています。日本を学んでそれを海外に発信していく、というコンセプトは極めてユニークです。他大学の国際化とは、かなり違った取り組みをしている。今後のブランディングになっていくのは、こうした他大学にないところです。そういうところで、明治の強みを出していくところが重要だと考えています」

広報課長の丸山氏はこう語る。

「既存の学部も、新しいものを見出すいろんな改革をいま、積極的にやっています。それをどう私たちがうまく広報したり、学部からヒアリングできるか。その意識をもっともっと高めることができれば、もっと大学は変えていけると思っています」

牛尾教授も語る。

「教員のほうから広報課に情報を伝え、新たな戦略を打ち出してもらうのが、私の役割だと思っています。明治の女子力企画の推進、卒業生の活躍など、もっと積極的に広報できることがあります。マスメディア出身の私が広報担当副学長になったこと自体も、変革を示す出来事のひとつ。それを含めて、新しい明治のイメージを発信していきたいと思っています」

今回、取材を通じて駿河台や和泉キャンパスにお邪魔したが、学生からは、「自分たちは明治大学の学生なんだ」という誇りと自信を強く感じた印象がある。自身も明治大学OBという丸山氏は言う。

「学生のパワーは、我々がいた頃よりも強くなっている気がしますね。明大生であることに、とても自信を持っているし、胸を張っている感じがする。我々の学生時代は、こんなに前向きだったかな、と正直、思い出したりすることもあります(笑)。愛校心が、昔よりも圧倒的に強くなっています」

もしかすると、ブランドイメージが変わる前の明治大学の卒業生と、ブランドイメージが変わった後の明治大学の卒業生では、そこにかなり温度差があるかもしれない。これは、昔の明治大学のイメージでコミュニケーションをしていると、大きなギャップを生んでしまうということを意味している。

昔をはるかに超えて、若い明大生は明治に誇りを持っているのだ。明治大学出身の若い部下を持ったとき、あるいは周囲で明治大学の若い卒業生と会うとき、明治大学にかかわるときには、十分に注意しなければいけない。

丸山氏は言う。

「ブランドイメージが変わった後に卒業する学生が親になり、子を持つようになったときには、また明治のイメージは変わっているかもしれません。そう考えると、長いスパンでは、やはりもっともっと伸びていく大学になる、という印象もありますし、期待感もありますね」

逆に言えば、古い明治のイメージを持っている人が少なくなれば、いまの明治のイメージが当たり前になっていくということ。もしかすると、すでに現役のビジネスマン世代では、古い明治のイメージを持っている人のほうが、少数派になってきている可能性もある。実際、大学進学で親から明治を勧められた、という学生も増えている。

もとよりこの本も、いまの明治のイメージしか知らない人には、まったく理解できないかもしれない。過去に何があったのか知る、ということを除いては。

LEADERSHIP

第7章

リーダーは少々、型破りなほうがいい

いまも語り草になっている、理事長との大激論

明治大学がこの20年、いかに変革を成し遂げてきたか、さまざまな取材をもとに書き綴ってきた。１００年を超える歴史を持つ伝統的な組織で、ここまで一気にブランドイメージを大きく変えられた成功例というのは、過去に例がないのではないか。そしてその背景には、さまざまな要因があったわけだが、言うまでもなくキーマンはリーダーである。大学でいえば、そのトップ。学長だ。

おそらく変革を率いた時代の学長たちも、大胆なリーダーシップを発揮していたに違いない。そしていまも、その気風は変わっていないのだろう。すでに何度も登場しているので、なにがしかの印象は持たれているのかもしれないが、現学長、土屋恵一郎氏もおよそ学長という社会的なイメージとは大きく乖離する人物だった。

大学の学長といえば、社会的なステータスとしては最高峰に位置する。しかも、日本を代表する大学の1つで伝統的な組織のトップということで、もしや官僚的な雰囲気の人なのではあるまいか、などという予想もなかったわけではないが、その予想は

あっという間に崩れ去ることになった。

先にも書いたように、法学部長を務めていたが、一方で能の世界では有名なプロデューサーでもあるのが、土屋学長だ。この段階ですでに型破りな印象を受けるわけだが、インタビューではその大胆不敵ぶりが垣間見える、たくさんのエピソードをもらった。土屋学長も極めて型破りだが、こういう人を大学トップに据えてしまう明治大学も改めて型破りだと感じた。

教学のトップの学長と、法人のトップの理事長の関係性は極めて重要であるとは先に書いたことだが、実は土屋学長、驚くべきことを語っていた。

「僕の明治大学の個人史を言えば、これまでの十数年、理事会と激論し続けてきたんですよ。こんなこと、書かれちゃいけないか（笑）。でも、書いたっていいけど（笑）」

土屋学長の法学部長時代のことである。そのときの理事長は、何かをやりたい、という意識は強かったのだという。それは、土屋学長も評価していた。だが、それだけに意見が対立することがあった。中野キャンパスはもともと国の土地で、関東財務局から明治大学が購入していたが、このとき、1つ気になることがあった。

「大学以外の利用方法を言い出したんです。予算委員会で、いまも語り草になるような大激論になった。そうしたら当時の理事長が言ったんです。『あんた、そこまで言うんだったら、あんたが理事長やりなさい』と。だから、僕は言ったんですよ。『やります』と。普通はそこで、『いやぁ、そこまでは』って言うものです。でも、『やります』と言った。もうお互いに、言うほうも言うほうだけど、引き受けるほうも引き受けるほうだって、呆れられましたけど（笑）」

一歩も引かない当時法学部長だった土屋学長に対して、理事長が折れた。中野キャンパスは国際日本学部と総合数理学部が入り、先端的なキャンパスになった。

「リバティタワーだけじゃなくて、中野キャンパスも明治大学のイメージを大きく変えたんです。いままでの大学のイメージとまるで違うから。アメリカのデューク大学やマサチューセッツ工科大学、ハーバード大学を見に行ったりして、新しい大学施設のあり方を知った上でつくった。それはとても先進的なキャンパスの空間になっていると思うわけです」

しかし、当時の理事長の「新しいことをやろう」という姿勢は高く評価していると いう。

「こちらが言っていたことも、わかんないわけじゃなかったと思う。だから、いまも大学に遊びに来てくれたりする。仲良いですよ。あれだけ大ゲンカしたのに、と驚かれることもありますけど、いろいろ意見が分かれたとしても、話をすればいいんです。やっぱり変えようという意識は、あるわけですから」

そして、何度も書いているが、そういう体質を、明治は持っているのだ。

「何か新しいことをやろうというところでは、一致できる大志があるんです。それは、明治大学が、常に現状に満足しない。僕の言葉で言えば、一流じゃないからですよ。でも、そんなことを引き起こしたことがある僕なんかが学長になった理由もそこにあるんです。やっぱり何かやるだろう、と。僕には、そういう期待があったんです。何かやれ、変えろ、と。その期待に応えるつもりでいますけどね」

連続1位でなければ、ブランドにならない

2010年、明治大学が志願者数で早稲田大学を抜いて世の中をあっと言わせたことも、ブランドイメージに大きく影響することになるが、実はこの翌年、当時の教務理事だった土屋学長は、大胆な行動に出ている。明治大学のブランドを、次のステー

ジに乗せていくためだ。

「ブランドイメージを変えた。明治大学は頑張ったと思います。全国1位ですよ。早稲田に勝った。でも、実は翌年、早稲田に負けそうになったんです」

2月の段階で、受験者数は見えてくる。明治大学は、僅差で早稲田に抜かれていたことがわかった。

「それを知った理事会のムードは、もうあきらめですよ。負けでもしょうがない、と。でも、僕は絶対にダメだ、と言ったんです。ここで負けたらダメだ、と。たった1回、1位を取っただけじゃダメなんですよ。やっぱり連続して取らなかったら、ブランドにならないんです」

実際、明治はその後、4年連続で志願者数ナンバーワンを記録し、「最も受験生に人気のある大学」のイメージを確立することになる。

「でも、そもそもどうして明治が1位を取ったことが話題になったのかって、早稲田と闘ったからですよ。早明戦だった。競り合いだったから、面白かったんです」

しかし、一度勝った早稲田に、また抜かれてしまうかもしれない。土屋学長は、土壇場でもあきらめることはなかった。

「教務理事でしたから、理事会にかけあって、何しろやらせてくれ、とその場で予算をつけてもらったんです」

土屋学長は付き合いのあった受験関係者に声をかける。このタイミングで何ができるか、一緒になって考えてもらおうと思ったのだ。どうすれば、ここから1位を取れるか、と。

「実は簡単なことがあったんです。実は前年もギリギリ土壇場で明治がひっくり返していた。それは、センター試験利用入試の後期日程があったんです。これに明治は対応していた。早稲田は前期日程しかやっていなかった。それで、後期日程でひっくり返したんです」

しかし、この年は後期日程をやったところで、ひっくり返せないことがわかった。もっと後期日程を受ける受験者を増やさないといけないのだ。

「だから、言ったんです。ひっくり返せばいいじゃないの、と。ひっくり返すために必要なことは、受験生を集めることです。前年は600人ほどでひっくり返せたけど、今度は1000人集めないとひっくり返せない。でも、1000人なんですよ」

ここで、能のプロデューサーという異業種での経験が生きた。

「1000人なんて集められる。僕は絶対の自信がありましたね。それは、能でチケットを売っているから。マーケットに対してどういうアプローチをすれば、どのくらいチケットを買ってもらえるか。やり方があるんですよ」

1000人集めれば、もちろん受験料も入って来る。かかった費用も回収できる。そこで、理事会に予算をつけてもらったのだ。こうして、予算内でのあの手この手の人海戦術が始まる。

「受験関係者たちは、いろんなデータを持っていますから、本当にさまざまなことをやってもらいました。予備校にポスターを貼ったり、全国の地方紙に『チャレンジ明治』というキャッチコピーで広告を出したり。もう1回、明治にチャレンジしよう、と。このコピーも僕が考えたんですけどね（笑）」

誰もが覚悟していた志願者数1位からの陥落。だが、土屋学長の読みは当たる。最後の最後で、早稲田を逆転するのだ。

「忘れもしないですよ。2011年3月9日。朝日新聞の夕刊一面に記事が出たんです。『明治逆転』と。僕はこの記事の広告効果だけで、費用は全部、回収できたと思った。一面トップですよ。しかも、明治逆転。明早争いに勝ったわけです」

1回勝っただけではブランドにならない。その言葉どおり、翌年、翌々年と明治は勝利する。今度は土壇場の逆転なしで、だ。

「早稲田は悔しかったと思います。これからは量から質への問題ですから、なんてコメントもあって。実は僕たちも後にこれと同じ言葉を使うことになるんですが（笑）。でも、悔しかったと思う。トップはおそらく幹部を集めてカンカンになって怒ったでしょう。なぜ負けたんだ、と。僕だったら、そうしますからね（笑）。してやったりですよ。しかも、それから早稲田は勝てなくなったわけだから。これはブランディングなんです。そのためにギリギリでも予算を投じる決断が必要なんです」

ちなみにいまは、志願者数競争にはほとんど関心がなくなっている。

「あれは、早稲田と明治の争いだったから、盛り上がったんですよ（笑）。だから、ブランディングになったんです。いまはもう、競っても意味がない。実際、みんなもう騒がないでしょう。だから、どうぞどうぞ、ですよ（笑）」

なぜ北京大学は、明治大学と連携したのか？

土屋学長は２０１７年７月、外務大臣表彰を受けた。日本と中国との文化交流に貢献したことが評価されたという。

「中国サイドからの推薦でした。中国において、マンガやアニメーションの普及に尽力した、と。でもこれは、もちろん僕もかかわったけど、納谷学長の時代から、いろんな人がかかわってきて、結果として僕がたまたまその表彰を受けただけなんです。それぞれの立場の中で、それぞれができることをやってきたつながりでいまがある。誰がどうこうではないんです」

実は、中国の最難関大学の1つ、北京大学の中には、明治大学がつくったマンガ図書館の閲覧室がある。マンガをベースに、明治大学は北京大学とつながりを深めているのだ。

「北京大学は超一流の大学ですから、付き合っているのは、本当に限られた大学だけですよ、日本でも。それこそマンガ図書館の閲覧室をつくったときは、日本で地団駄踏んだ大学もあったんじゃないですか」

実はまだあまり知られていないが「マンガと明治」は、世界で知られる存在になっているのだ。早くから構想はあったというが、明治大学は「マンガのナショナルセンター」をつくろうとしている。

「まだ確定はしていませんが、山の上ホテルの近くの場所にできることになると思います」

これは政府の「骨太の方針2017」にもすでに書かれている。場所はまだ特定していないが、議論の前提は明治大学が施設、土地を提供すること。そこに国がお金を出して施設をつくる。なぜかというと、それだけのリソースを明治大学が持っているからである。

日本のクールジャパン、ポップカルチャーを学べる国際日本学部だが、この学部をつくるとき、ある話が学部づくりを推し進めていた土屋学長のもとに寄せられた。

「コミックマーケットの創立者で知られる米沢嘉博さんは、明治大学で学んでいたんです。いま、東京ビッグサイトでやれば60万人もの人が集まってくるコミケをつくった人ですね。彼が14万冊以上のマンガのコレクションを持っていて、亡くなられたときに明治に寄贈するという話になったんです」

2006年に亡くなった米沢氏は膨大な蔵書を持つマンガ評論家。コミケット準備会の前代表だった。在学中から批評集団「迷宮」の活動に参加し、ライター・編集などを経て、評論家になった人物。

「コミケで同人誌を出展した人は、必ず事務局に1冊寄贈するんです。それがだいたい200万冊ありました。またその後、早稲田の鶴巻町にある現代マンガ図書館の内記稔夫さんのコレクションも受け入れることにもなって。この方は貸本屋を営まれていたんですが、戦後のマンガ史をほぼカバーできるようなコレクションを持っておられたんです。これが18万冊ほどになった」

米沢氏の14万冊と内記氏の18万冊を合わせて32万冊。加えて、コミケの200万冊。文字どおり、日本で最も充実したマンガのコレクションを明治大学は手にすることになったのだ。これを中心にして、世界に冠たるマンガ文化を知らしめるための図書館に仕立てあげよう、という計画をつくったのである。

この図書館計画を推進している中心人物が、国際日本学部の森川嘉一郎准教授だ。そして、この森川氏を明治大学国際日本学部の教員としてリクルートしたのが、土屋学長だった。

「日本のポップカルチャー研究、オタク研究のカリスマみたいな人です。彼は早稲田大学で建築を学び、非常勤講師をしていた。忘れもしない。僕は法学部長で、学部長室で彼と初めて会ったんです」

新学部のリクルートを担当していたからである。先に書いたように、知り合いの編集者から候補者を探っていたのだ。

「実は面接したとき、これはダメだ、と思ったんです。ああ、これがオタクか、と。まったく目を合わせないわけですね（笑）。これでは教員は無理だと思った」

しかし、森川氏は自分のプロジェクトについて話していいですか、と声をかけてきたという。

「そうしたら、もうびっくりなんですよ。プレゼンは本当に素晴らしかった。これは、教員として優秀だ、と（笑）。世間的な付き合いはさておき、授業はものすごくうまいだろうと思いましたね。すぐに採用を決断しました。何しろ日本のオタク文化とか、コミックやマンガに対する洞察力や見識、知識量は大変なものなんですから、何でも知っています」

森川氏の存在があったことで、北京大学と毎年1回、マンガのシンポジウムを行うようになった。

「北京大学外国語学院日本言語文化学部との共同開催です。明治大学の中でもなかなか理解されないんだけど、一度見てみると誰でもその価値に気づけると思いますよ」

500名が入る教室に、北京大学の学生が入りきらないほどやって来るという。外から壁に耳をつけて聞いている中国人学生もいる。

「森川は帰国生ですから、英語もうまい。中国語でも通訳を付けますが、プレゼンはウケまくりますよ。彼はハーバードでも呼ばれてやっていますが、心配なのはハーバードに取られちゃうんじゃないか、ということです（笑）。ただ、彼の研究フィールドは日本なので、日本も秋葉原も離れられない。オタクだから（笑）」

だが、森川氏は国際日本学部だったから、また土屋学長だったからこそ、採用されたのかもしれない。

「僕じゃなかったら、たぶん取らなかったと思う。目も合わせられないんだから(笑)。でも、プレゼンは本当に凄い。そして日本のマンガ人気は、海外では凄まじいんです。だから、僕は国際日本学部をつくって、本当によかったと思う。日本のマンガとかポップカルチャーをきちんと研究対象にできたから」

2017年5月には、サンパウロに外務省がジャパン・ハウスを開館した。今後は、ロンドンとロサンゼルスにもつくるという。ブリティッシュ・カウンシルのような文化や言葉を発信する場所だ。

「明治大学はそこにもマンガを寄贈しています。北京大学には2万冊。サンパウロ大学にも同じ規模のものを寄贈して、ラテンアメリカにおいてマンガプロジェクトができるかもしれない」

マンガ文化といえば、明治大学。実は世界で、このイメージができつつあるのだ。だから、北京大学との連携なのである。そして日本で世界の大学のＶＩＰを迎えるときには、能の研究者でもある土屋氏が、日本の伝統文化をフルに駆使して迎える。もちろん、土屋氏ならではの知見や人脈を使って、だ。

「まぁ、ゲリラ戦ですね（笑）。でも、北京大学に明治大学の名前がついた機関ができたわけですよ。これには、悔しかった大学もあったんじゃないですか。なんで、明治にやらせるんだ、と。でも、そんなの全然、怖くないですけどね（笑）」

「これからも、難民教育をやりますよ」

こうした新しい動きも、明治大学のルーツにつながっている、と土屋氏は語る。

「明治大学の歴史の中では、いろんなキーパーソンがいて、キーポイントがあった。歴史を眺めていると、はっきりと輪郭を持って現れてくるんです。やっぱり現代においても、『権利自由』『独立自治』という精神が、いろいろな形で体現されている。それはいま現在において変わることはないんです」

取材で訪れた学長室の入り口に、1枚の写真が飾られていた。2017年5月、国連事務総長のグテーレス氏を土屋学長が訪れたのだ。

「彼が国連難民高等弁務官だったとき、明治大学が難民教育を受け入れたからです。2011年度から、年間2人ほど受け入れている。今年も、ミャンマーとシリアから受け入れました」

難民高等弁務官事務所からは、難民2世世代も受け入れてほしいと言われているという。実はこうして複数の難民を受け入れているのは、日本で明治大学と関西学院大学だけなのだ。

「事務所を通して協定をつくって、難民を受け入れている大学は少ないんですね。現時点では8大学だったと思う。しかも、多くはミッション系なんです。ミッション系以外の大学はほとんどない」

ほかの大学の動向にかかわらず、こうして独自の判断をするのが、明治の気風なのだ。

「なぜ明治大学は、難民を受け入れたのか。僕は当時、教務理事でしたが、意識は過去の歴史にあるんですよ。それこそ戦前には、日本の軍部を敵に回して朝鮮人学生の支援をした布施辰治さんのような明治大学出身の弁護士もいた。僕が思うのは、明治大学というものは、開かれている大学だということなんです。社会に、世界に開かれている大学として、自由の気風でやってきたんだから、やっぱり難民教育に対しても積極的にかかわっていこうと考えたんです。だから、これからもやりますよ」

2014年、グテーレス国連事務総長が難民高等弁務官時代、明治大学は名誉博士号を授与している。

「納谷学長のときにスタートし、福宮賢一学長のときに名誉博士号を授与し、それで僕が今年会って握手をした。そういう代々のことを引き継ぎながら、握手をしているわけです」

実は難民に限らない。過去の明治大学は、常に権力に排除されたり、迫害されている人たちに対して、きちんとした対応をしてきた。

「もちろん、そうじゃないこともあったかもしれない。そうじゃない人もたくさんいたかもしれないけれど、そうだった歴史もあるわけですよ。それを忘れてはいけない。難民教育だけじゃなくて、社会的な差別、経済的な貧困の中で、大学に行くことができない学生がいるなら、なんとか奨学金で来てもらえるようにする。だから、奨学金制度を充実させた。明治大学の奨学金は、日本の大学の中ではトップレベルですよ」

大学の財政負担は大きいという。

「しかし、やっていかなければいけないし、むしろこれからは経済格差を埋めるだけの手厚い奨学金制度をもっとつくって、教育格差をなくしていきたい。それが、明治大学のミッションだと思うからです。これまでの歴史を考えれば」

だから、歴史を浮き彫りにしていかないといけない、と土屋学長は語る。埋もれさせないようにしないといけない、と。そうすることで、歴史はいまにつながっていくからだ。

1カ月間、1日中、英語漬けの研修センター計画

先に、トップユニバーシティ留学奨励助成金制度という新しい奨学金制度を紹介したが、もう1つ、明治大学ならではの新しい学生バックアップの取り組みを進めようとしている。すでにトライアルが始まっている。

「学生は、もっともっと英語力を上げたいんですね。そこで、マニラに明治大学英語研修センターをつくります。マニラのエンデラン大学が持っている英語の研修施設を、明治は無償で提供してもらえる予定です。そこに英語研修センターをつくる」

2018年には、本格的な運用を考えているという。もちろん、学生にも費用負担

はあるが、安くすることができる。1カ月間、1日中、集中的な英語漬けの生活、しかも食事、宿泊費付きで二十数万円の費用にできるのではないか、という。

「ここで1カ月やれば、TOEFLの点数が上がる。そうすれば、外国の留学基準を満たすことできる」

実は韓国の学生が英語に強いのは、20年以上前から、マニラでの英語研修を積極的に行っているからだという。特にマニラでの語学研修は、効果がある上に安価だということがわかっているからだ。

だから、マニラの英語学校の経営者の多くは韓国人だという。

「明治大学が展開するのは、エンデラン大学という大学の機関と連携してのフリースクールです。民間の人が経営する英語学校ではない。大学ですから。それなら、安心して学生を預けられるし、学生も安心して学べると思う」

校内での反発を予想しなかったわけではない。英語の教員だ。しかし、英語の教員に英会話の教師をさせるわけにはいかない。これはまた別の話なのだ。教員は、英語教育の専門家。むしろ、この棲み分けがはっきりしてきたのではないかと語る。

「今年は、実際に職員2人と学生10人にトライアルで授業を受けてもらいました。その結果がよければ、本格的に稼働させたいと考えています」

改革を拒んで、将来困るのは若者たち

伝統的な組織が、ダイナミックな変革を遂げた、という点では、日本のビジネス社会も、明治大学に大いなる関心があるのではないか。そんな質問を投げかけてみた。

「ときどき大きな会社の人と話をすると、こんな声が聞こえてくることがありますね。大きな会社であれば、あるほど、余計なことはするな、と言われる、と」

新しいことをやろうとすると、そんなことはしなくていい、という雰囲気になる、ということだ。これでは、なかなか新しいことなどできないだろう、と土屋学長は言う。

「先日、アメリカの電気自動車のテスラに試乗させてもらったんです。驚きましたね。電気自動車というより、ＡＩ自動車です。デザインもいい。それで高速に乗ったとき、『では、1回テストしてみますか』と手を離すように言われて……」

手を離したら、本当に自動運転になった。

「この試乗をさせてくれた人が言っていたんですが、日本の会社はエンジンを捨てられない、と。テスラはモーターでしょう。でも、日本はエンジンを捨てられないから、水素エンジンを考えた」

捨てられない理由は、はっきりしている。エンジンにかかわる会社が、日本にはたくさんあるからだ。

「それこそ何万人という従業員を持つ会社もある。取引先の中小企業もある。いろんな部品もかかわる。名人芸的な職人も含まれる。これは捨てられない。そうすると。テスラのようなことは日本ではできない、ということです」

試乗に誘ってくれた人はこう言ったそうである。

「日本の自動車産業は、10年後にもしかすると、日本国内だけの産業になるかもしれない。おそらく中国はもう、ガソリン車などエンジンを使ったものは走らせない、ということにするかもしれない。アメリカもそうなるかもしれない。そうしたら、日本国内だけの産業になってしまう可能性がある、と。僕もそう思いました」

そこで土屋学長は、旧知の若い商社マンに大胆な提言をしたのだという。

「テスラを買っちゃえ、と言ったんです。テスラの資産規模が6兆円。ソフトバンクの孫正義社長がいま、個人決済できる金額が約3兆円ほどだと言われている。彼ひとりでこれだけ決済しているわけです。それなら、大きな商社であれば、6兆円くらいは買えるはず。買っちゃえばいいんですよ」

返事は即答だったという。「買いたいけれど、会社で反対されてダメになる。いまのままでいい。そんなリスクは冒すなと言われてきた」、と。

しかし、もしそれができなければ、将来、困るのは自分たちである。上の人間にそう言われたから、とやっているうちに、上の世代が抜けた後に、どうにもならなくなる可能性が出てくるのだ。

その危険性について日本企業はわかっていない。たしかにいまはリスクを冒さないほうが、波風も立たないからプラス。しかし、このままで10年後、20年後に安泰だという保証は、どこにもないのである。そして土屋学長は、興味深いことを語った。先にも少し触れたが、若い人間に期待するな、ということだ。

「若いからといって、革新的ではないですからね。むしろ将来があるから。不安を抱えているのは、若い人間なんですよ。一方、ジジイには将来の不安はもうない。だからむしろ革新ができる。日本企業の場合も、若い人間に期待したらいけないんです。若い人間ほど、将来は安定してほしいんだから」

実際、「余計なことはするな」「会社に反対される」「いまのままでいいと言われた」「そんなリスクを冒すな」ということを真に受けているのは、若い世代そのものなのだ。

「だから革新はできないんですよ。むしろジジイがやらないといけない。経験を積んだ人間がここで一歩を踏み出せなかったら、日本の企業は変わりませんよ」

明治大学も同じだという。

「若い人が革新的なわけではない。僕もジジイです。若い人は将来の不安があるから、実は思い切った一歩は踏み出せないんです。でも、ジジイたちは過去のことをよく知っている。ここでやらないと、というのがわかる。そうやって、若い人間を引っ張っていく。そういう人間が日本企業の中に出てこないと、僕はダメだと思う」

地方の学生を東京に来させないのは、おかしい

では、土屋学長の考える今後の教育のビジョンとは、どのようなものなのか。

「新しい教育のシステムをどうやってつくっていくのか、ということが重要なんです。そこで僕は、『共創教育』という言葉を使っている」

英語では、共創教育は「イノベーティブ」と訳されるという。

「もっとわかりやすくいえば、コー・クリエイティブですね。相互につくる。教育でこれをやるんです。教員と学生が相互に関係し合いながら創っていく教育を、これから生み出していこう、と」

そのためのキーワードとして、土屋氏が掲げるのが、「ラーニングコモンズ」と「アクティブラーニング」だ。前者は、学生の学習支援を意図して、情報を知識や創造に変えていく空間のこと。後者は、学習者が能動的に学習に参加する学習法の総称だ。こうした考え方を積極的に取り入れるような大学教育へと変わっていくということである。

「そこには、IT時代の教育もあるし、インターネットを利用した海外との連携教育も入って来る。コー・クリエイティブな総合的な連携の中でつくられていく教育を、これからはやっていかないといけないんです」

一方的に教師が教室で学生に向かって話をし、学生が聞いて試験をやっておしまい、というものではもはやない。

「もう少し相互にフラットな関係の中で施設も含めて教育をつくり上げながら、大学教育の姿を変えていこう、そして国際的人材も創り出していこう、ということです」

もう1つのキーワードが「地域創生」だ。地域の活性化は、政府の重要な施策になっている。そこで文部科学省は、1つの方針を2017年に打ち出した。8月に大きく報道され、内外に大きな波紋をもたらした、あのニュースだ。政府が「東京23区の大学は、もう定員を増やさない」と決めたのである。

もともとは全国知事会から「東京一極集中を変えるため、大学の定員を規制してほしい」という声が上がったのが始まりだった。これを受け、政府は6月に閣議決定した「骨太の方針2017」に盛り込んだ。来年にも、文部科学省は規制する方針だ。

「昔は、工場等制限法というのがあって、そのときも東京都心の大学や工場の新設を認めない、という時代があった。結果として、大学はどんどん郊外に出て行った。今度は、工場は、入っていない。大学だけをターゲットにして、やろうとしている。でも、原理的問題として、地方の学生を東京に来させない、というのは、どう考えてもおかしいんですよ」

文部科学省の方針の背景には、さまざまな政治的な力関係もあるとされる。

「そうだと思いますよ。でも、文部科学省は結局、抵抗できなかった。言ってみれば、地方に住んでいる高校生が、東京に来ちゃいけない、ということでしょう。それで本当に地方創生ができるのか。むしろ東京などの都市部と地方との人材交流を活発化させることによってこそ、地方創生というのはできてくるんだと思うんです。それを閉じ込めたままで働け、と。江戸時代じゃないんですよ。脱藩は認めない、という世界と同じでしょう。それはいくらなんでもおかしい。そのおかしさに気が付かない、というのもおかしい」

では、大学の新設ができなくなり、大学の定員が増えなくなれば、地方から高校生は都市部を目指さなくなるのか。

「そんなことはないでしょう。やっぱり来ますよ。その流れを止めることはできない。だから、正論を言わないといけないんですよ。つまりは、各地域それぞれに、魅力ある大学をどうやってつくっていくか、ということでしょう。それをやらない限りは地方からの人材流出は止まらない」

東京に行かせなくすることで地方創生、地域創生ができるなどという発想自体が、およそ愚劣だと土屋学長は言う。

「アメリカやイギリスの大学を見ても、コーネル大学しかり、ミシガン大学しかり、シカゴ大学しかり、地域地域に魅力的な学校があるわけです。首都のワシントンだけに、あるいは大都市のニューヨークやロサンゼルスだけに学生が集まっているわけではない。世界ナンバー10に入る学校が、地方にあったりするわけです」

イギリスも同じ。エディンバラ、オックスフォード、ケンブリッジ、グラスゴー、マンチェスターと、各地域に大学が広がっている。ロンドン大学のある首都のロンドンにばかり、学生が集まるわけではまるでない。

「日本の地域ごとにそういう魅力的な学校をつくることが大事なんです」

実は国がやろうとしていることは、東京の私学が抱えている課題と逆なのである。私学では、地方出身者の比率がどんどん下がってきているのだ。だから、むしろ地方から人材を呼びたいのだ。

入試改革や奨学金の充実の背景にも、それがあった。ただ、大勢の学生を獲得したい、ということだけではない。地方の学生を受け入れることで、多様性を担保できる。いろいろな視点を手に入れることができる。そして、いずれ地方創生を担えるような人材の育成を支援することができるのだ。

そこで土屋学長は、こんな提案をする。

「大学として、地方と連携するんです。例えば、地方の大学とカリキュラムで連携する。地域創生で連携する。実際、震災復興ではかなり多くの人材を出しましたし、教員も参加しました。そういう形で地域との連携をしたいと思っているんです」

東京から地方の大学に学生を送り込む、という選択もある。

「1年間くらい送る、なんてやり方もあるわけです。地方からも来てもらい、東京の学生も各地域に出て行って、自分たちのアイディアを活かせるような経験を積んでほしいと思っているんです」

そうした人材の交流なりを通し、また明治大学を通して、各地域の学生たちが世界に出て行く。そうした全体の流動化をはかっていきたいと語る。

大学は、キャンプ（野営地）に過ぎない

もとより大学は、流動化した人材が流動する存在なのだと土屋学長は言う。

「大学は1つのキャンプなんです。キャンパスという言葉自体、実はキャンプと同じです。野営地です。大学というのはキャンプなんだから、ずっととどまる場所ではないんです。そこを基地にして、どこかに行く。そのキャンパスというキャンプに、いろんなところから人が集まってきて、地方へ、あるいは海外に出て行く」

大学は、流動化された中の暫定的な居留地に過ぎないということだ。いわば、キャンプとして大学は存在しているのである。

「その意味で、流動化された教育の体系をつくっていかないといけないんです。1年や2年は明治にいても、あと1年はコーネル大学に行けばいい。シカゴに、ロンドン

に、シンガポールに、香港に行ってもいい。こうした流動化させることこそ、考えないといけない」

そうすることがいま、これまで以上に求められているのだ。

「世界の状況が流動化しているからです。多様な文化なり、多様な価値観、あるいは多様な宗教を含め、さまざまなダイバーシティにかかわる。そうした流体のような教育のシステム。それをどうやってつくるのか。それこそが必要なんです」

むしろ、どこかに固定させようということそのものが、こうした時代に逆行しているのだ。

「明治大学にガチっと固めて、ここで全部やりましょうなんて、考える必要もない。むしろ世界のほうは、はるかに我々より豊かなんですから、これは間違いない。そうした世界の豊かさに触れるチャンスを、どうやって明治大学がつくれるか、なんです」

背景にあるのは、土屋学長の大学での学びというものへの哲学だ。

「これは僕自身の経験でもそうだったけれど、大学というのは、自分というものを相対化、客観化する場所なんです。いろんな人間が集まってくる。それは地域もそうだし、世界もそう」

そうやって、いろんな人間が集まってくる中で、自分自身を相対化し、自分よりも豊かな世界の存在を知って、そこで謙虚になる。それが、大学の役割だ、と続ける。

「明治くらいの大学に入るということは、それぞれ優秀なんです。自分がよくできると思って入ってくる。でも、自分よりもできる人間がいるわけですね。あるいは世界を考えれば、もっといる。だから、やらないといけないことに気づく。そうやって、自分を相対化しながら、自分自身が何をやらないといけないのかを発見する場所なんです」

大学はメニューをたくさん揃えている。その中で、何をやればいいのかは、人それぞれ。そうやって、自分の未完成な部分を完成させていく。それでも完成しないところにまた気が付いて、外へ出て行く。

「そうすると、いままであったものを捨ててもいい、という可能性にも気づけるわけです。大学は、そういう可変的な自我というものを考える場所なんです」

もとより明治大学は「個を強くする大学」をうたってきた。

「個を強くするというのは、いわば自分の中にある変化する可能性に気づいて、それを追求できる、という意味なんです。それができるのが、明治大学なんです。留学の協定校が200以上あって、留学を勧めているけれど、ただ外国に行って、曖昧な形で何かをつかんできてくれ、と言っているわけではない。自分自身のアイデンティティから一度離れたときに、見えてくるものがあるからです。それをどう発見するか、なんです」

そのために、明治大学はまだまだやらないといけないことがあると語る。新しい教育施設もつくっていかないといけない。建て替えもしていかないといけない。なぜやるのかといえば、教育の未来像が哲学としてあるからだ。

「ごめんなさいね。よくしゃべるでしょう（笑）。でも、学長はおしゃべりじゃないといけないと思うんですよ。じっと黙っているだけではいけない」

考えていれば実現する、絶対に

土屋学長の描く、素敵な夢の話を聞いた。こんなことを考えている大学は、まずないのではないか。だが、これは単なる夢ではないのかもしれない。素敵な夢だ。

「海外ともっと一体化できるような拠点校を創りたいんです。海外に、です。例えば、教員がどちらにも所属している。学生もどちらにも所属している。こうした二重所属の教員や学生がいるような拠点校。アメリカに、ヨーロッパに、シンガポールに、中国に、オーストラリアに……」

そうすることで、もっとボリュームのある留学形態をつくることができる。単独で行くのではない、あるいは受け入れるのではない形がつくれる。カリキュラムも共通化できる。そうでないと、本当の意味での国際化や大学のオープン化はできない。

明治大学は２０２３年までに、４０００人の外国人留学生の受け入れと、４０００人の日本人学生の海外への送り出しを目標にしている。

しかし、実は人数自体にさしたる意味があるわけではない。重要なことは、学生が多様な学びを、そして相対化を得られる機会をつくることだからだ。

「まだこれは頭で考えているだけですけどね、できるかもしれないと思っているんです」

ヒントは、アメリカのシンギュラリティ大学だったという。教育をすべてネットで行っているNASAの中にある大学だ。学生はインターンシップで世界7カ国を巡る。インターンシップで回りながら教育を受け、最後に戻ってスクーリングするのだ。

「そこまではできないけど、こんな方法があると思っているんです。船を使うんです」

巨大な客船を借りるのだ。そして明治大学の学生を乗せて、半年間の海の旅に出るのである。

「途中に、いろいろな都市に寄るんです。上海に寄り、香港に寄り、マニラに行き、シドニーに行き、ベトナムに行き、台湾に寄って日本に帰ってくる。そして、行く先々でそれぞれの地域の大学の教員が乗り込んできて、英語で授業をやる。船の中は英語だけ」

各地域の各大学の優れた教員が、数日おきに船に乗り込んで来るのだ。

「そうすると、結果的に半年間で十数人の違う国の教員たちと、学生は交流できる。あるいは、それぞれの地域の学生たちも入ってきてディスカッションもやる。それで交流しながら、船はクルージングしていくんです」

言ってみれば、船上留学だ。しかも、一気に複数国を巡ることができる。船には一度に800人は乗れるようにする。それだけの学生が、この特別な留学を経験できるのだ。なんという贅沢な留学だろう。

「年に何度か回せますから、多くの学生が体験できる。途中で降りて、いろんな大学を巡ってきてもいい。シドニー大学、シンガポール国立大学……」

留学といっても多国籍、多様な体験をすることを組み込むのだ。

「また土屋がばかなことを考えていると思われるかもしれない。でも、考えていれば実現する、絶対に」

実は、船のチャーター先もイメージしているという。こうした夢には、土屋学長の〝世界観〟がある。

「太平洋を泳いで渡ろうとしたら大変です。でも、漂流したら渡れるかもしれない。世界に身を委ねるんです。そうすれば、生きていける。大事なことは、そういう体験をすることなんです。グローバルといったとき、日本はいつも必死に勉強し、必死に生き抜こう、強い人間になろうとばかり言う。でも、世界というのは、身を委ねる場所でもあるんです」

そういうところを、一度、見て来てほしいと語るのだ。

「グローバルというと、グローバル経済とか、グローバル人材とか、そんな言葉ばかり聞こえてくる。なんかもういやしいじゃないですか。何か結果を出さないといけない、みたいな。そうじゃなくて、行くだけでいいんです。それだけで違う。僕の経験から言って。1年いるだけでまったく変わる。日本で経験できないものがいっぱいある。それを学生に知ってほしいんです」

ある週刊誌から、学長が推薦する本、をお願いされたことがあった。首都圏の有名大学の学長が参加した。土屋学長が挙げたのは、小田実の『何でも見てやろう』だった。中には、創立者の著書を挙げた学長もいた。

「明治のよさは、偉人を持っていないことなんです。それは明治の長所です。我々は偉人じゃない。偉大な凡人なんです。でも、多くの人々に必要なのは、偉大なる凡人です。普通の日常の生活者の目線なんです」

世界の荒波に揉まれる時代がやってきている。〝偉人〟に縛られることのない明治大学は、その独自の目線で、世界を見ている。開かれた、自由の目で。

この大学は、まだまだ変わり続ける。

おわりに

著者プロフィールを見れば、もうお気づきだと思う。私は明治大学の出身者ではない。東洋経済新報社の担当編集者から「大きくブランドイメージを変えている明治大学について書いてくれませんか」という依頼をもらったとき、戸惑ったのも事実である。OBではない私が、書かせてもらっていいのだろうか、と。

しかし、取材を続けていく中で、むしろ明治大学の出身者ではないからこそ、客観的な目線で、明治大学を見つめることができたのではないかと思った。そしてそれこそが、担当編集者の狙いだったのだろう、と。

明治大学の変貌ぶりは正直、私の想像をはるかに超えていた。明治大学に詳しいわけではなかっただけに、取材を通じて知った驚きを、そのままの形で本にさせていただいた。

いまの明治大学を知らない人に、あるいはどうやって明治大学はこれほどまでの変革を成し遂げたのかを知りたい人に、またこれからお子さんが明治大学を目指そうと考えている親御さんに、ぜひ参考にしてもらえたらと思う。

そうすることで、明治大学の学生にピント外れな質問をしたり、会社に入ってきた明治卒業の部下に怪訝な顔をされたり、「お父さんは何もわかっていない！」と人気の明治を受験しようとする子どもに思われてしまったりすることを防ぐことができる。

本文に盛り込むかどうか、実は最後まで迷ったのだが、本書の執筆中にリクルートマーケティングパートナーが発表する「志願したい大学」の最新データが発表された。ここで、8年にわたって高校生の「志願したい大学」トップを走り続けてきた明治大学が、9年ぶりに早稲田大学に1位を譲った、ということがわかった。

だが、大学通信の調査「生徒に人気がある大学」では、3年連続で明治大学がトップを維持していたこともあり、読者の混乱も避けたく、本文には盛り込まなかった。早稲田大学は我が母校である。リクルートマーケティングパートナーの調査で母校が明治を追い抜いた、というのはうれしさもある反面、ちょうど本書を執筆中だったこともあり、なんとも複雑な気持ちであった。

ただ、母校の早稲田大学の踏ん張りにも実は気づいていた。折しもたまたま5月に早稲田大学の鎌田薫総長にインタビューする機会があり、おそらく二十数年ぶりに母校を訪れていたのだ。

政治経済学部の改修工事が終わった学部キャンパスは、かつての面影をまるで想像させないほどに近代的なものになっていた。明治大学同様、キャンパスには学生があふれていたが、外国人が数多く含まれていたのが印象的だった。

インタビューで聞いたのは、留学生の受け入れ、送り出しともに日本一になっていたこと。少人数制、外国語強化など授業の改革も進んでいた。母校の変貌振りに驚いた。早稲田大学も必死で頑張っていたのだ。これには明治大学の変革も間違いなく大きく影響していただろう。

素晴らしい競争が繰り広げられたのだ。これは何より、受益者である学生、さらには日本企業に大いなるプラスになる。大学が、変わり始めていたのである。

1位を取られた明治大学はまた頑張るだろう。本書でも触れたように、早稲田と明治の戦いは話題になる。さらなる競争に大いに期待したい。

最後になったが、本書を執筆するにあたっては、ヒラタワークスの平田静子さんにお世話になった。この場を借りて、感謝申し上げたい。さらに、長時間の取材に快く応じてくださった明治大学長の土屋恵一郎氏をはじめ、多くの教員、職員、さらには学生のみなさんに改めて感謝申し上げたい。

実は明治大学ＯＢで著名な探検家、故・植村直己氏は私の高校の先輩である。誇り高き先輩の母校について、こうして本を書き記せたことを本当に光栄に思う。執筆中に久しぶりに読んだ氏の著作にも、この本を書く上で大いなる励ましをもらった。

明治大学を詳しく知る方、あるいは大学関係者や専門家の方々には、釈迦に説法もたくさんあったかもしれない。ほんのわずかでも、まだ知らなかった明治大学の姿をお見せできたなら、幸いである。

２０１７年10月

上阪　徹

【著者紹介】
上阪　徹（うえさか　とおる）
1966年、兵庫県生まれ。1985年、兵庫県立豊岡高校卒業。1989年、早稲田大学商学部卒業。ワールド、リクルート・グループなどを経て、1994年よりフリーランスとして独立。経営、金融、ベンチャー、就職などをテーマに、雑誌や書籍、webメディアなどで幅広く執筆やインタビューを手がける。著書に、『10倍速く書ける 超スピード文章術』（ダイヤモンド社）、『成城石井はなぜ安くないのに選ばれるのか?』（あさ出版）、『僕がグーグルで成長できた理由』（日本経済新聞出版社）、『職業、ブックライター。』（講談社）、『リブセンス』（日経BP社）など多数。

公式ウェブサイト：http://uesakatoru.com

あの明治大学が、なぜ女子高生が選ぶNo.1大学になったのか?
奇跡を起こすブランドポジションのつくり方

2017年11月30日発行

著　者——上阪　徹
発行者——山縣裕一郎
発行所——東洋経済新報社
〒103-8345　東京都中央区日本橋本石町1-2-1
電話＝東洋経済コールセンター　03(5605)7021
http://toyokeizai.net/

装　丁…………藤塚尚子（ISSHIKI）
ＤＴＰ…………武田　梢、米山翔子（ISSHIKI）
イラスト…………和遥キナ
写　真…………明治大学、梅谷秀司
編集協力………平田静子（ヒラタワークス）
印　刷…………ベクトル印刷
製　本…………ナショナル製本
編集担当………水野一誠
　ISBN 978-4-492-55781-5